beck

b

Überall auf der Welt wachsen Kinder in einer Umgebung auf, in der täglich zwei oder mehr Sprachen gesprochen werden. Dennoch ist die allgemeine Einstellung zur Zweisprachigkeit von Vorbehalten und Verunsicherung geprägt. Ist das gleichzeitige Erlernen von zwei Sprachen nicht eine Überforderung für das Kind? Sind Sprachstörungen oder Lernschwierigkeiten in der Schule Folge des doppelten Spracherwerbs? Aber auch: Wie fördert und bewahrt man die Zweisprachigkeit des Kindes in einer ausschließlich einsprachigen Umgebung?

Barbara Abdelilah-Bauer zeigt, was mehrsprachige Erziehung ist und wie sie gelingen kann. Sie erklärt die aktuellsten Erkenntnisse der Psycholinguistik und Sozialpsychologie zur Mehrsprachigkeit und unterscheidet mehrere Etappen beim doppelten Spracherwerb.

Fallbeispiele aus der Praxis der Autorin geben konkrete Hinweise, wie auftretende Schwierigkeiten zu überwinden sind und wie sich der Gebrauch von zwei oder mehr Sprachen am besten in den Alltag integrieren lässt.

Barbara Abdelilah-Bauer lebt seit 30 Jahren in Paris. Nach dem Staatsexamen in Neuphilologie in Regensburg arbeitete sie als Lektorin an der Universität Oran in Algerien. Danach ging sie mit ihrem Mann nach Paris und promovierte an der Sorbonne in französischer Literatur. Nach der Gründung und mehrjährigen Leitung einer bilungualen Kindertagesstätte in einem Pariser Vorort studierte sie Sozialpsychologie mit Schwerpunkt Bilingualismus. Sie hat einen Lehrauftrag an der Universität Poitiers, arbeitet als Beraterin für Mehrsprachigkeit in Paris, ist Herausgeberin einer Internetseite über Zweisprachigkeit (www.enfantsbilingues.com) und Gründerin eines Sprachencafés für internationale Familien in Paris (www.cafebilingue.com).

Barbara Abdelilah-Bauer

Zweisprachig aufwachsen

Herausforderung
und Chance für Kinder,
Eltern und Erzieher

Verlag C. H. Beck

Titel der französischen Originalausgabe: Le défi des enfants bilingues.
Grandir et vivre en parlant plusieurs langues
Zuerst erschienen bei Editions La Découverte, Paris 2008

Die erste Auflage dieses Buches erschien 2008.

Originalausgabe

2. Auflage. 2012
Für die deutsche Ausgabe:
© Verlag C. H. Beck oHG, München 2008
Satz, Druck u. Bindung: Druckerei C. H. Beck, Nördlingen
Umschlagentwurf: malsyteufel, willich
Umschlagabbildung: © Thomas Meyer
Printed in Germany
ISBN 978 3 406 57350 7

www.beck.de

Für

Ilse Maria
Scheherazade Anna-Maria
Yasmina Katharina
Amir-Alexander Florian

und Mustapha

Mein Dank geht an Patricia, Marianne, Claudia,
Elisabeth und alle anderen für ihre interessanten
Beiträge auf enfantsbilingues.com

In Erinnerung an Alfons Maria, Zohra und Mohammed

Inhalt

Einleitung 11

1. Was ist Sprache? 17

Wie lernen wir sprechen? 17
Vom ersten Schrei zum Lallen 18 • Der erste Wortschatz 21 • Vom Wort zur Grammatik 23 • Wie viel Sprache braucht ein Kind? 25 • Den Spracherwerb fördern 27

Was bedeutet «zweisprachig aufwachsen»? 29
Alles ist Kommunikation 31 • Intellektuelle Fähigkeiten 32 • Alter und Umgebung 33 • Sind alle Sprachen gleich? 35

2. Wie wird man zweisprachig? 37

Hartnäckige Vorurteile 37
Wie viel Platz braucht die Sprache im Gehirn? 39 • Das erste mentale Lexikon 41 • Was hat Zweisprachigkeit mit Intelligenz zu tun? 44 • Was bewirkt Zweisprachigkeit? 47 • Von Zeitfenstern und kritischen Perioden 49 • Ist mit sieben alles zu spät? 54

Zwei Sprachen – und welche Kultur? 56
Sprache, ein Zugehörigkeitsgefühl 57 • Die «bilinguale» Kultur 59 • Zwei Sprachen, drei Kulturen! 60 • Die multikulturelle Identität 62 • Muttersprache: zweisprachig 64

3. Zweisprachigkeit: Von der Geburt bis drei 67

Simultane Zweisprachigkeit 67
Hören und Sprechen 67 • Das erste Wörterbuch 68 • Bewertung der Sprachkompetenz 70 • Sprachkontakt ja, aber wie? 72 • Zweisprachigkeit fördern 73

Unternehmen Zweisprachigkeit 75
Das Kind als Bauherr 75 • Wie werden die Sprachen «aufgeräumt»? 78 • Die Sprache passt sich an 79 • Mischsprache 80 • Babys sprechen Spanisch und Erwachsene sprechen Deutsch! 81 • Sprachen gehören zu Personen 82 • Zweisprachig in Florida 83 • Was ist Sprachwechsel? 84 • Sprachmischen – was tun? 86

4. Zweisprachigkeit: Von drei bis sechs 87

Eine neue Sprache mit drei Jahren 87
Kinder sind gute Strategen 89 • Den Code entschlüsseln 91 • Unterschiedliche Lernstile 92 • Das große Schweigen 93 • Erfolgreich mit Methode? 94 • Strenge Methoden 96 • Der Preis der Zweisprachigkeit 97 • Den frühen Zweitspracherwerb fördern 98

Zwei Sprachen und mehr 100
Sprachentwicklung mit drei Sprachen 101 • Das Kind als Sprachverwalter 103 • Wechselspiel der Fertigkeiten 104 • Ein Leben als «globaler Nomade» 106 • Ein labiles Gleichgewicht 107 • Die Grenzen der Vielsprachigkeit 109

5. Späte Zweisprachigkeit: Ab sechs 111

Das Erlernen der Zweitsprache 111
Erste Kontakte mit der fremden Sprache 112 • Erwerbsstrategien 114 • Interferenz und Transfer 115 • Das Bewahren der Zweisprachigkeit 118 • Für ein Bonbon tut er alles! 119 • Die Sprache

als Familienbesitz 120 • Die Familiensprache stärken 121 • Guter Rat 122

Schule und Sprache   123
Was ist an der «Schulsprache» anders? 124 • Kognitive Anforderungen 125 • Lesen und Schreiben 127 • Monolinguales und bilinguales Lesenlernen 129 • Entwicklung von Schriftlichkeit 131 • Was man in einer Sprache lernt ... 132 • Welche Schule für das zweisprachige Kind? 134

6. Die Bewahrung der Zweisprachigkeit   137

Zweisprachigkeit in Gefahr   137
Kann man seine Muttersprache vergessen? 139 • Wenn die Sprache wieder lebendig wird 141 • Sprachliche Besonderheiten 143

Konflikte   145
Stereotypen und Vorurteile 147 • Von Vorurteilen und Selbstbewertung 148 • Die Einstellung der Anderen 150 • Ein schweres Erbe 150 • Eine «nutzlose» Sprache? 152 • Vom Sprachdefizit zum Handikap? 152 • Schulischen Misserfolgen vorbeugen 154 • Einige Schlussfolgerungen 156

7. Zweisprachigkeit im Alltag   159

Die zweisprachige Familie   159
Sprachverteilung 159 • Deine Sprache, meine Sprache 160 • Eine «vergessene» Sprache 162 • Fremdsprache wird Muttersprache 164 • Viele Sprachen: die Qual der Wahl 166 • Wenn die Familie auswandert 167 • Sprachen im Rad der Zeit 168

8. Zweisprachig durch Sprachenlernen 171

Der Traum vom zweisprachigen Kind 171
Je früher, desto besser? 173 • Je später, desto schneller! 175 • Auf die Methode kommt es an 176 • Wie früh ist «früh»? 177 • Es kommt immer anders 178 • Was folgt daraus? 179 • Englisch für alle und alles auf Englisch? 180

9. Schlussbemerkungen 183

Epilog 187

Anmerkungen 193

Einleitung

Weit über die Hälfte der Menschheit bedient sich täglich mehrerer Sprachen, und weltweit wachsen Kinder in einer Umgebung auf, in der Mehrsprachigkeit an der Tagesordnung ist. Auch in Europa drängen sich immer mehr Sprachen und Kulturen auf engem Raum – ein unwiderrufliches Zeichen für das Zusammenwachsen der Länder und die fortschreitende Globalisierung. Migrationen und den damit verbundenen Kontakt zwischen Menschen mit verschiedenen Sprachen und Lebensgewohnheiten hat es immer gegeben; die sich daraus ergebende Mehrsprachigkeit* sollte in unserem Jahrhundert als gängige Form der Kommunikation akzeptiert worden sein. Bei einem Anteil von etwa zehn Millionen Menschen ausländischer Herkunft, die seit den 1960er Jahren in die Bundesrepublik Deutschland eingewandert sind, hätte das Thema Sprachenkontakt schon lange einen wichtigen Platz in der deutschen Sprachenpolitik einnehmen sollen. Derzeit besitzen 27 Prozent der Bundesbürger unter 25 Jahren einen Migrationshintergrund, und in den Eingangsschulklassen der Großstädte liegt der Anteil der Migrantenschülerinnen und -schüler bereits bei etwa einem Drittel.[1] Trotzdem wird Zweisprachigkeit allenfalls als vorübergehender Zustand auf dem Weg zur Einsprachigkeit behandelt.

Wohl hat heute jeder eingesehen, dass sehr gute Fremdsprachenkenntnisse unumgänglich sind, auch besteht Übereinstimmung darüber, dass der Sprachunterricht für deutsche Kinder dringend verbessert werden muss – davon zeugt die steigende Zahl von bilingualen Kindergärten und internationalen Schulen. Trotzdem ist die breite Öffentlichkeit nach wie vor davon überzeugt, das Wohl des Einzelnen liege in der monolingualen Beherrschung der Landes-

---

* Dieser Begriff und Bilingualismus werden im Folgenden gleichbedeutend mit Zweisprachigkeit verwendet.

sprache. So kommt es, dass der Erwerb einer bilingualen Sprachkompetenz allzu oft einem Hürdenlauf ähnelt.

Warum (noch) ein Buch über Zweisprachigkeit?

*«Everyone dreams to have a bilingual child
but I never thought it would be thus difficult!»*

Zum Thema Zweisprachigkeit gibt es in der monolingualen Gesellschaft vor allem zwei gegensätzliche Meinungen, die jeweils mit starken Argumenten verteidigt werden.

Für die Einen ist das Aufwachsen mit zwei Sprachen eine Chance und ein natürlicher Prozess, der keiner besonderen Aufmerksamkeit bedarf. Alles, was darüber geschrieben wird, ist «too much fuss about bilingualism» (zu viel Aufhebens um Zweisprachigkeit), wie es eine englische Mutter kürzlich in einem Seminar formulierte. Dieser Meinung sind in der Regel zweisprachige Erwachsene, deren Herkunftssprache international anerkannt ist, binationale Eltern von Kindern, die noch am Anfang des Spracherwerbs stehen, oder solche, die sich über ihren Einfluss auf die Sprachentwicklung ihres Kindes keine Gedanken machen oder machen wollen. Theoretisch hat die Britin natürlich recht, wenn sie sagt, man mache zu viel Getue um Zweisprachigkeit, oder besser, sie hätte recht, lebte sie in einer mehrsprachigen Gesellschaft, in der sich jeder täglich mehrerer Sprachen bedient. Ihre Behauptung ist nicht haltbar in einem offiziell einsprachigen Land wie Deutschland, wo es äußerst schwierig ist, zwei Sprachen gleichberechtigt zu entwickeln und zu bewahren.

Die zweite Position betont die «Problematik» der Mehrsprachigkeit, und zwar meistens im Zusammenhang mit der Sprachkompetenz der Kinder und Jugendlichen «mit Migrationshintergrund». Das Thema führt in diesem Fall häufig zu hitzigen Diskussionen in Fach- und Politikerkreisen.[2] Hier greift man schnell auf den reichhaltigen Bestand vorgefasster Meinungen zurück, die Bilingualismus als Randerscheinung und als Hindernis bei der Integration in die Mehrheitsgesellschaft verstehen. In weiten, den monolingualen

Kreisen der Bevölkerung wird Bilingualismus als Abweichung von der Norm betrachtet, was vorschnell gezogene Schlüsse aus den PISA-Studien noch bekräftigten: Wenn ein hoher Prozentsatz der Jugendlichen mit «Migrationshintergrund» sich bei den Pisa-Ergebnissen im unteren Drittel befindet, so liege dies an den mangelnden Deutschkenntnissen, wurde festgestellt. Der Grund für den Mangel war schnell gefunden. Die für die Förderung der Herkunftssprache aufgewendete Zeit und Energie hindere die betreffenden Kinder und Jugendlichen daran, gleichermaßen die Landessprache zu erlernen. Daraus ergibt sich die naheliegende Forderung, die Herkunftssprachenförderung[3] zu stoppen, Maßnahmen, die der Assimilation an die Mehrheitssprache dienen, hingegen auszubauen. Eltern «mit Migrationshintergrund» – sei ihre Herkunftssprache nun Französisch, Englisch, Türkisch oder Vietnamesisch –, die ihre kulturellen und sprachlichen Besonderheiten erhalten wollen, bleiben im monolingualen Deutschland mit ihren Fragen und Ängsten weitgehend sich selbst überlassen.

Häufige Fragen von Eltern:

- *Soll unser Kind erst Deutsch lernen und später die Sprache seiner Eltern, wie es manche Fachleute empfehlen?*
- *Sollen wir allen Einwänden zum Trotz von Anfang an in der Muttersprache mit unserem Kind sprechen?*
- *Ist das gleichzeitige Erlernen von zwei Sprachen eine Überforderung für unser Kind?*
- *Sind Sprachstörungen oder Lernschwierigkeiten in der Schule die Folge von doppeltem Spracherwerb?*
- *Sollen wir die Zweisprachigkeit unseres Kindes in einer ausschließlich deutschsprachigen Umgebung fördern und erhalten?*
- *Können wir das Erlernen der deutschen Sprache allein der Schule überlassen?*

Die Wissenschaft hat Antworten auf diese und ähnliche Fragen; in der Forschung ist Mehrsprachigkeit ein viel untersuchter Tatbestand. Seit mehr als 20 Jahren sprechen die Forschungsergebnisse eindeutig für den doppelten Spracherwerb im frühen Kindesalter, aber leider beschäftigt sich erstaunlich wenig Literatur damit, diese Ergebnisse den direkt Betroffenen zu vermitteln. Auch handelt es sich bei Mehrsprachigkeit um einen komplexen Sachverhalt, den zu erfassen und zu verstehen komplizierter ist, als es einzelne Wissenschaftszweige vermuten lassen. Linguistik, Neuro- und Psycholinguistik können die Mehrsprachigkeit aus der Perspektive der Sprachentwicklung erklären, aber Sprache entwickelt sich nicht isoliert im Gehirn eines Individuums, sondern entsteht in der Interaktion mit anderen sprechenden Wesen. Sprache ist das Bindeglied, das uns als kommunizierende Wesen mit anderen verbindet. Deshalb macht es keinen Sinn, Zweisprachigkeit verstehen zu wollen, ohne die psychologischen und psychosozialen Vorgänge zu erkunden, die die Sprache «in Aktion» begleiten, und ohne sich mit den Emotionen auseinanderzusetzen, die im Kontakt mit anderen Sprachen entstehen. Nur indem wir das besondere Sprachverhalten der Zweisprachigen im Zusammenspiel der verschiedenen wissenschaftlichen Disziplinen betrachten, werden wir verstehen, warum Mehrsprachigkeit eine Chance und gleichzeitig eine Herausforderung ist.

Worum es in dem Buch geht

Ziel des Buches ist es, darzulegen, dass Zweisprachigkeit, so unvollkommen sie auch ist, auf jeden Fall erhalten werden sollte. Es gilt, die Idee der Normalität von Mehrsprachigkeit – in einer Diplomatenfamilie oder beim Kind von Zuwanderern – all denen näherzubringen, die sich aus beruflichen oder persönlichen Gründen im Kontakt mit mehreren Sprachen und Kulturen befinden. Ich bilde mir nicht ein, Mentalitäten wandeln zu können, aber mein Ziel ist es, Vorurteile abbauen zu helfen, die die Mehrsprachigkeit umgeben, und Eltern bei der Weitergabe ihrer Sprache und Kultur zu unterstützen.

Dazu werde ich das Phänomen Mehrsprachigkeit im Licht neuerer Forschungsergebnisse der Spracherwerbsforschung, der Psycholinguistik und der Sozialpsychologie darstellen sowie Fallbeispiele aus der Praxis und meiner ganz persönlichen Erfahrung bringen. Auf diese Weise hoffe ich zeigen zu können, dass früher Sprachenkontakt nicht nur mehr Sprachwissen bedeutet, sondern auch bei der Persönlichkeitsbildung eine wichtige Rolle spielt.

1. Was ist Sprache?

Wie lernen wir sprechen?

«Die Grundlage der Kreativität eines Volkes ist seine Sprache», betonte der französische Dichter Stendhal. Sprache ist ein System von Symbolen, mittels derer wir uns unserer Umgebung mitteilen können; unsere Gedanken, Gefühle und Wünsche drücken wir – wenn auch nicht ausschließlich – durch Sprechen aus. Sprache hat mit Macht zu tun, mit Gefühlen, Sprache kann ausgrenzen und einschließen. Sprache beeinflusst nicht nur, wie wir die Dinge um uns herum benennen, sondern auch, wie wir die Welt sehen und wie wir von der Welt, von den anderen gesehen werden. Sprache dient der Kommunikation: Wir sprechen miteinander, um uns mitzuteilen, um Informationen zu erhalten, um zu beeinflussen oder zu überzeugen.

Sprache hat auch eine soziokulturelle Komponente, wie der Anthropologe Edward Sapir als Erster hervorgehoben hat. Sprache, sagt er, ist eine erworbene, kulturelle Fertigkeit, man wird in sie hineingeboren und von ihr geprägt.[4]

Dass die Voraussetzungen für das Entstehen von Sprache im Gehirn liegen, daran gibt es keinen Zweifel. Dass diese bei der Geburt bereits vorhanden sind, ist anzunehmen. Ob und wie das angeborene Talent sich entfaltet, hängt von der unmittelbaren Umgebung ab, in die der Säugling hineingeboren wird.

Nur durch die Interaktion mit anderen sprechenden Wesen wird die angeborene Sprachfähigkeit zur Sprechfertigkeit. Um diese zu entwickeln, muss das Kind nicht nur Bedeutungen aus dem Schwall von Lauten herausfinden, von dem es umgeben ist, es muss auch Worte entziffern und die Regeln erkennen lernen, die die Wortreihen zu Sätzen werden lassen. Es muss die stilistischen Feinheiten seiner Muttersprache erfassen, um sein Sprachverhalten allen Lebenslagen anzupassen. Und es muss natürlich eines mitbringen: die Lust und Neugierde, mit seiner unmittelbaren Umgebung zu kommunizieren, sich seiner Umwelt mitzuteilen.

Vom ersten Schrei zum Lallen

Die Urform des Sich-Mitteilens ist der Schrei. Der Schrei des Neugeborenen ruft die Mutter (oder eine andere Bezugsperson) herbei, durch Schreien drückt das Neugeborene Hunger, Schmerzen oder Unwohlsein aus. Die Mutter reagiert instinktiv mit der richtigen Geste, um ihr Kind zu beruhigen. Hier wird der Grundstein für die Sprache gelegt: mit dem «Sich-aufeinander-Einstimmen», dem «accordage affectif»[5] von Mutter und Säugling beginnt der Spracherwerb.

Beim Sprechenlernen lernt das Kind nicht nur, wie man Dinge benennt, es lernt auch die wichtigsten Kommunikationsformen, wie Fragen, Berichten, Benennen, Überzeugen. Die situationsspezifische Sprachfertigkeit, das heißt Kenntnis davon, wie man Sprache der Situation angemessen anwendet, erwirbt das Kind durch den Kontakt mit den Menschen in seiner Umgebung. Gleichzeitig erwirbt es Schritt für Schritt ein ganz spezifisches Sprachwissen: Es lernt, wie man sich in einer bestimmten Sprache ausdrückt, und zwar in der, die in seiner Umgebung gesprochen wird. Dieses Sprachwissen kann einfach sein – in einsprachiger Umgebung – oder vielfältig, wenn verschiedene Bezugspersonen mit dem Kind verschiedene Sprachen sprechen.

Wie wir gesehen haben, ist das Sprechenlernen ein Vorgang, der seinen Urantrieb in der Bindung zur Mutter findet, lange bevor das Kind selbst anfängt, zu sprechen. Bis dahin hat es einen langen Weg zurückzulegen: Bevor Laute zu Bedeutungseinheiten und zu Worten geordnet werden, müssen Töne oder Lautfolgen aus dem «Lautbrei» abgegrenzt werden, dem das Kind ausgesetzt ist. Um die Fähigkeit der Lautunterscheidung des wenige Tage alten Neugeborenen weiß man seit mehr als 30 Jahren. Seitdem benutzt man in der Forschung eine ebenso einfache wie geniale Methode, die auf dem starken Saugbedarf von Babys beruht. Das Baby bekommt einen Schnuller, der an ein Messinstrument angeschlossen ist und die Saugintensität misst. Ist das Baby gesättigt, ist es eine kurze Zeit für neue Eindrücke aufnahmebereit, was sich an der Intensität seines Saugens am Schnuller erkennen lässt. Diese Tatsache nutzt man aus, um die Reaktion von wenige Tage alten Babys auf verschiedene Töne zu beobachten. Hört der Säugling einen unbekannten Ton, saugt er interessiert am Schnuller. Sobald das Interesse nachlässt und das Saugen schwächer wird, wird ein neuer Ton gespielt. Dank dieser Methode hat ein französisches Forscherteam gefunden, dass Neugeborene ein sehr feines Gehör haben. Schon im Alter von wenigen Tagen sind sie imstande, den Unterschied zwischen den Phonemen «p» und «b», «t» und «d» oder «g» und «k» herauszuhören. Ein Phonem ist die kleinste lauttragende Einheit, die ein Wort von einem anderen unterscheidet. Neugeborene von drei Tagen sind also imstande, einen Phonemwechsel wie in /d/ank und /t/ank oder in /b/ein und /p/ein zu erkennen!

Säuglinge reagieren ebenfalls stark auf den Rhythmus und die Sprechmelodie, in der Fachsprache Prosodie genannt. Dank der unterschiedlichen Sprechmelodie erkennen Säuglinge mit wenigen Tagen die Stimme ihrer Mutter unter anderen Frauenstimmen heraus. Sie sind auch imstande, ihre Muttersprache von einer anderen, phonologisch entfernten Sprache zu unterscheiden. Französische Neugeborene reagieren zum Beispiel anders auf Französisch als auf Russisch oder Japanisch!

Noch erstaunlicher ist die Tatsache, dass Säuglinge in den ersten Monaten fähig sind, Laute zu unterscheiden, die nicht in ihrer Muttersprache vorkommen. Britische Babys können etwa den deutschen Ü-Laut erkennen, der im Englischen nicht vorkommt, während englischsprachige Erwachsene dazu unfähig sind. Letztere hören den phonetischen Unterschied nicht mehr. Die Fähigkeit, Laute zu unterscheiden, die nicht in der Umgebungssprache vorkommen, geht bereits mit dem Ende des ersten Lebensjahres verloren. Zwischen zehn und zwölf Monaten findet eine Neuordnung im Gehirn statt, was zur Folge hat, dass die perzeptiven Fähigkeiten sich dann nur noch auf die Laute der Muttersprache konzentrieren.

Im Laufe der ersten Wochen werden die Schreie des Babys differenzierter, es kann sich nun auch über Gurren, Quietschen und

Juchzen mitteilen. Die erste Lallphase, in der das Baby mit seinen Artikulationsorganen und seiner Stimme experimentiert, geht mit etwa sechs Monaten in die zweite Lallphase über, in der es durch Lautfolgen wie «bababa», «mamagaga» auf die sprachlichen Anregungen seiner Umwelt reagiert. In den ersten Wochen und Monaten gurrt, quietscht und brabbelt das Baby in Lauten, die in verschiedenen Sprachen vorkommen. Aber sehr schnell erkennt man eine Spezialisierung des Lallens, sodass Babys in verschiedenen Sprachumgebungen auch verschiedene Töne von sich geben. Ein japanisches Baby bildet zum Beispiel in den ersten Wochen noch die Laute «l» und «r», obwohl es diese Unterscheidung im Japanischen nicht gibt. Bereits mit sieben Monaten kann man im Lallen chinesischer Babys den Singsang der chinesischen Sprache erkennen, während die eher monotonen Lautfolgen russischer und amerikanischer Babys dem Russischen bzw. Amerikanischen gleichen.

Die französische Psycholinguistin B. Boysson-Bardies[6] hat das Brabbeln von acht bis zehn Monate alten Babys aus französischen, englischen, algerischen und kantonesischen Sprachgruppen aufgenommen und Erwachsenen vorgespielt. Die französischen Zuhörer waren in der Lage, das französische Babylallen problemlos aus allen anderen herauszuhören.[7] Über die Ergebnisse wurde damals unter dem hübschen Titel «Babys babbeln in ihrer Muttersprache!» in allen Zeitungen berichtet.

Zur selben Zeit, in der die Säuglinge ihre Lalltöne der Muttersprache anpassen, erfolgt eine weitere Spezialisierung des Gehirns, das nun lediglich noch die Töne der Umgebungssprache unterscheidet. Das Ohr funktioniert sozusagen wie ein Filter, der nur noch solche Töne durchlässt, die in der Umgebungssprache existieren oder ihr ähnlich sind. Diese Veränderung ist weniger ein «Verlust» der Unterscheidungsfähigkeit von Phonemen als eine Spezialisierung der Wahrnehmungsfähigkeit des Kleinkinds. Nur dadurch, dass sich das Hirn auf die vorhandenen Laute konzentriert, ist eine optimale Auswertung und Entwicklung der Muttersprache garantiert.

Man könnte nun meinen, mit dem Verlust der Unterscheidungsfähigkeit weiterer Laute verschwinde auch die Fähigkeit, Fremdsprachen richtig zu erlernen – dieses Argument wird oft von den Befürwortern des frühkindlichen Sprachenlernens benutzt.

Mittlerweile weiß man allerdings, dass diese Beeinträchtigung der Unterscheidungsfähigkeit nicht unwiderruflich ist. Ein ausgedehntes Training und intensives Üben helfen auch Erwachsenen, die im Säuglingsalter verlorenen Fähigkeiten neu zu erwerben! Ein Japaner kann zum Beispiel mit einiger Ausdauer und Übung wieder lernen, zwischen /l/ und /r/ zu unterscheiden.

Es bleibt also noch Hoffnung für erwachsene Fremdsprachenlerner, mögen sie sich auch als noch so «unbegabt» einstufen, wie das etwa bei unseren französischen Nachbarn der Fall ist, wo die «Unfähigkeit», Fremdsprachen zu lernen, fest im Kollektivbewusstsein verankert ist.

Der erste Wortschatz

Im Alter zwischen 8 und 10 Monaten – also geraume Zeit, bevor es selbst das erste Wort hervorbringen wird – zeigt ein Baby erste Anzeichen von Verständnis. Diese Distanz zwischen Verständnis und Ausdruck bleibt lange Monate bestehen. Eine neuere amerikanische Studie hat herausgefunden, dass Babys mit 16 Monaten dreimal so viele Wörter verstehen, wie sie selbst artikulieren können. Der Unterschied rührt daher, dass Verstehen und Sprechen unterschiedliche kognitive Fähigkeiten in Anspruch nehmen. Das Wortverständnis ist eine globalere Aktivität, die beide Gehirnhälften beansprucht, während beim Sprechen hauptsächlich das Sprachzentrum in der linken Gehirnhälfte aktiviert wird.[8]

Zwischen dem 11. und 13. Monat bringen Kinder ihr erstes Wort hervor, gleichzeitig hält die Lallphase noch einige Zeit an. In den ersten Monaten der Sprechphase wächst der Wortschatz sehr langsam, ganze zwei Worte pro Woche werden im Durchschnitt bis zum 18. Monat hinzugelernt. Insgesamt beansprucht es vier bis fünf Monate, bis das erste mentale Wörterbuch mit einem Umfang von etwa 50 Wörtern erworben ist, die von den Eltern und anderen Bezugspersonen als solche erkannt werden, also etwa «ba» für Ball oder «dehn» für gehen usw.

Nach der langen Anlaufphase findet bei den meisten Kindern zwischen dem 18. Monat und dem zweiten Geburtstag ein sogenannter Wortschatzspurt statt: Auf einmal geht es rasant voran und fast jeden Tag kommen vier bis zehn neue Wörter hinzu. In demselben Zeitraum gehen die Kinder auch dazu über, zwei Wörter zu ersten Zwei-Wort-Sätzen zu verbinden. Von diesem Zeitpunkt an sind die individuellen Unterschiede in der Sprachentwicklung so groß, dass alle Altersangaben nur als Durchschnittswerte und keinesfalls als Normen betrachtet werden dürfen. So haben manche Zweijährige einen Wortschatz von 100 Wörtern, andere hingegen von mehr als 500, und trotzdem gelten beide Varianten als absolut normal. In einer englischen Studie wurden 128 Kinder im Alter von dreieinhalb Jahren getestet. Die sprachgewandtesten Kinder hatten gegenüber den langsamsten einen Entwicklungsvorsprung von mehr als zwei Jahren![9]

Der schnell wachsende Wortschatz des Kindes ist einerseits die Folge des Reifungsprozesses des Gehirns, sowohl der perzeptiven als auch der artikulatorischen Fähigkeiten, zum anderen ist er auch ein Zeichen für die Neugierde des Kindes, das jetzt die Welt aktiv erkundet.[10] Es lernt, dass Dinge einen Namen haben, und entdeckt somit eine grundlegende Eigenschaft von Sprache, nämlich die enge Verbindung zwischen einem Objekt (auf das sich das Wort bezieht) und seiner akustischen Darstellung (dem Wort). Gleichzeitig macht es auch die Grunderfahrung, dass Sprache Macht verschafft; indem man die richtigen Worte findet, bewirkt man Reaktionen in seiner unmittelbaren Umgebung: Man kann etwa die Mutter herbeirufen oder nach einem Keks verlangen. Die ersten sprachlichen Interaktionen helfen dem Kind, Vertrauen in seine eigenen Fähigkeiten zu fassen und stärken so die Bindung zu den Bezugspersonen.

Dank der zahlreichen, meist amerikanischen Studien des ersten kindlichen Wortschatzes konnte man die Entwicklungsstufen, oder Meilensteine, des Spracherwerbs bestimmen, die alle Kinder durchlaufen. Diese Meilensteine sind hilfreich, um eventuelle Schwachstellen oder Probleme in der Sprachentwicklung rechtzeitig zu erkennen. Bei einer Sprachstandserfassung wird im Allgemeinen von der Mutter verlangt, auf einer Wortliste diejenigen anzukreuzen, die ihr Kind benutzt oder versteht. Die ersten Wortlisten sind von amerikanischen Wissenschaftlern erstellt worden und enthielten hauptsächlich Substantive (*car, bottle, ball* usw.). Inzwischen wurden auch andere Sprachen als Englisch in die Forschung einbezogen. Auf diese Weise hat man herausgefunden, dass die Wortformen, die Babys in ihrem ersten Wortschatz ansammeln, von der jeweiligen Sprache abhängig sind. Die ersten 50 Wörter französischer Kleinkinder bestehen zum Großteil aus Verben (*donne, tiens, regarde,* usw.), während bei den amerikanischen Babys, wie gesagt, Substantive dominieren. Bei anderen Sprachen, etwa dem Chinesischen oder Koreanischen, fallen die Unterschiede noch mehr ins Gewicht, was sehr wahrscheinlich durch strukturelle Differenzen der Sprachen und den Sprachgebrauch der verschiedenen Sprachgruppen bedingt ist.[11]

Vom Wort zur Grammatik

Im Alter zwischen 18 Monaten und zwei Jahren formt das Kind, wie bereits erwähnt, erste Zwei-Wort-Sätze, etwa: «Anna essen». Damit beginnt die grammatikalische bzw. syntaktische Phase, in der das Kind die Regeln zu entschlüsseln versucht, nach denen Wörter zu Sätzen aneinandergereiht werden. Der Übergang vom Telegrammstil, «Anna essen», «mehr Brot», zum komplexen Satz vollzieht sich ziemlich schnell. Lange Zeit dachte man, dass Kinder Sprechen lernen, indem sie die Sprache ihrer Umgebung nachahmen. Einige Sprachforscher sind aber heute der Meinung, dass Kinder nur sehr wenig korrekt formulierte Sprache hören. Gesprochene Sprache zeichnet sich durch Wiederholungen, Unterbrechungen und unvollständige Sätze aus. Trotz dieser fehlerhaften Sprechweise erwerben alle Kinder intuitiv die Grammatik ihrer Muttersprache. Das Erlernen der Muttersprache kann demnach nicht einzig durch Imitation erfolgen, sondern das Kind scheint in der Lage zu sein, allgemeine Regeln aus der gesprochenen Sprache abzuleiten, neue Sätze zu formen und nie zuvor gehörte Sätze zu verstehen. Die vermeintlichen «Fehler», die alle Kinder in diesem Spracherwerbsstadium machen, sind nichts anderes als neue Sprachschöpfungen, und als solche Zeichen sprachlicher Kreativität. In diesem Stadium probiert das Kind eigene Grammatikformen aus und passt sie nach und nach an die Formen der Erwachsenen an.

Wichtig ist zu wissen, dass zu jedem Entwicklungsstadium ganz spezifische, mit schöner Regelmäßigkeit auftauchende «Fehler» gehören, die alle Kinder desselben Alters machen. So ist am Anfang der Grammatik-Phase etwa häufig die Übergeneralisierung einer Regel anzutreffen: Wörter werden in der dem Kind geläufigen Form flektiert: «anze*zieht*» statt «ange*zogen*».

Diese Beobachtungen haben den amerikanischen Wissenschaftler Naom Chomsky in der Annahme gestärkt, der Mensch habe eine angeborene Veranlagung zur Sprache. Er nennt sie «*Language Acquisition Device*» (LAD), oder Spracherwerbsmechanismus. Es handelt sich um ein angeborenes grundlegendes Wissen über Sprache, sozusagen eine Universalgrammatik.[12] Chomsky betrachtet Sprache ausschließlich als Grammatiksystem, was ihm zahlreiche Kritiken eingebracht hat. Auch ohne dass man heute schon in der Lage ist, den Spracherwerbsmechanismus im Gehirn genau zu lokalisieren, wird die nativistische Theorie der angeborenen Sprachlernfähigkeit inzwischen vom Großteil der Psychologen und Sprachwissenschaftler vertreten.

Laut Forschern wie Jerome S. Bruner genügt es für den Spracherwerb allerdings nicht, dass das Kind lediglich mit Sprache umgeben ist. Bruners Interaktionshypothese zufolge benötigt der Spracherwerbsmechanismus die Förderung der Umgebung durch ein «Language Acquisition Support System»,[13] ein Spracherwerbsfördersystem, damit das Sprechenlernen in Gang kommt. Die Interaktion mit den ersten Bezugspersonen des Kindes – in unserem Kulturkreis meist der Mutter – setzt den Mechanismus in Gang, und nur durch den direkten Sprachkontakt mit der Mutter kann das Kleinkind sprechen lernen. Bei den regelmäßig wiederkehrenden, rituellen Handlungen wie Füttern, Baden oder Windelwechseln werden fürs Kind vorhersehbare Abläufe mit stets gleich bleibenden Sprachformen verbunden. Der enge Kontakt mit der Mutter bei den alltäglichen Ritualen ist sozusagen der Nährboden, auf dem das Kind in die Sprache hineinwächst.

Wie viel Sprache braucht ein Kind?

Was passiert, wenn ein Kind nicht den für den Spracherwerb nötigen Nährboden vorfindet, zeigen die zum Glück seltenen Fälle von «wilden Kindern», die in sozialer Isolation aufgewachsen sind. Der bekannteste Fall ist der von Genie, einem 1970 in Kalifornien gefundenen Mädchen. Genie war bis zu ihrem 13. Lebensjahr von ihrem Vater in Isolation gehalten worden. Als man sie fand, konnte sie nicht sprechen, und trotz mehrerer Jahre intensiver Zuwendung entwickelte sich ihre Sprache nur bis zum Niveau eines zwei- bis dreijährigen Kindes. Fälle wie der von Genie zeigen, dass der Sprachlernmechanismus nur ins Rollen kommt, wenn ein dementsprechendes soziales Umfeld vorhanden ist. Die Fähigkeit, sprechen zu lernen, scheint zudem zeitlich begrenzt zu sein. Wir werden später auf die Frage der sogenannten «kritischen Phase» zurückkommen, während der der Spracherwerb stattfinden kann.

Was uns im Moment interessiert, ist die Frage nach der Qualität und der Menge von Sprache, der ein Kind ausgesetzt sein muss, damit es sprechen lernt. Anders gesagt: Gibt es eine «Mindestmenge» an Sprache, die man mit dem Kind sprechen soll, damit der Spracherwerbsmechanismus in Gang gesetzt wird?

Interessante Folgerungen lassen sich aus der Beobachtung von Kindern gehörloser Eltern ziehen. Da viele dieser Eltern sich hauptsächlich durch Zeichensprache verständigen, sind ihre normal hörenden Kinder kaum gesprochener Sprache ausgesetzt. Die Sprachwissenschaftler J. Sachs und M. Johnson[14] beschreiben den Fall eines Kindes, das nur über den Fernseher gesprochene Sprache vermittelt bekam und nie Sprechen lernte. Daraus lässt sich schließen, dass die «Berieselung» mit Sprache allein den Spracherwerb nicht fördert. Aber wenn sich eine hörende Bezugsperson fünf bis sechs Stunden pro Woche um ein Kind gehörloser Eltern kümmert, so entwickelt sich dessen Sprachfunktion vollständig.[15]

Über die Frage, ob das sprachliche Niveau, auf dem mit einem Kind gesprochen wird, die Sprachentwicklung beeinflusst, sind sich die Fachleute nicht einig. Nach Noam Chomsky ist die gesprochene Sprache, der ein Kind ausgesetzt ist, immer fehlerhaft – genau das unterscheidet sie von der Schriftsprache. Trotzdem lernen alle Kinder sprechen. Andere Wissenschaftler gehen im Gegenteil davon aus, dass Erwachsene im Umgang mit Kindern sehr genau auf eine fehlerfreie Sprache achten, und Mütter sogar ihren Sprachstil ändern, wenn sie mit ihrem Kind sprechen. In den westlichen Gesellschaften lässt sich tatsächlich feststellen, dass Erwachsene automatisch ihre Sprache ändern, wenn sie sich an ein kleines Kind wenden, sie sprechen langsamer, in kurzen Sätzen und in einer höheren Tonlage. Diese «Ammensprache» («baby talk» oder «motherese») ist nach Ansicht einiger Spezialisten für die spätere emotionale und kognitive Entwicklung des Kindes wichtig, während andere vor einer zu großen Vereinfachung und Verniedlichung der Sprache warnen, wie sie manche Erwachsene gern anwenden, etwa «adda adda gehn», «biele biele machen».

Hierzu sollte man aber bemerken, dass die aufs Kleinkind zugeschnittene Sprache (die «infant directed speech») nicht in allen Teilen des Globus vorkommt, was wiederum die Bedeutung dieses Sprachstils für den Spracherwerb relativiert.

Je nach Kulturkreis oder kulturellem Hintergrund wird dem Gespräch mit Kindern mehr oder weniger Bedeutung beigemessen; in einigen Kulturen spricht man überhaupt nicht direkt mit einem Kind. Auf den Samoainseln etwa würde man dies als verlorene Zeit betrachten, da man dort der Meinung ist, dass Kinder einem Erwachsenen nichts Interessantes mitzuteilen haben. In anderen Teilen der Erde beschränkt sich die «Unterhaltung» mit Kindern auf Befehle oder Verbote, entsprechend genauer Vorstellungen, was Kinder einer Altersgruppe schon können oder verstehen. Dazu ein Beispiel: Karoline ist Deutsche und lebt mit ihrem spanischen Ehemann in Barcelona, wo sie die einzige ist, die mit ihrer einjährigen Tochter deutsch spricht. Als sich die Kleine eines Tages mit einem interaktiven Spielzeug beschäftigte, das deutsche Lieder wiedergibt, meinte die spanische Großmutter: «Wieso spricht das Ding denn Ausländisch und nicht Spanisch?! Naja, noch ist es ja egal, da die Kleine sowieso noch nichts versteht.»[16]

Auch in der westlichen Welt fällt das Sprachangebot, je nach kulturellem und sozialem Hintergrund, sehr unterschiedlich aus. Nicht in allen Familien wird Wert auf sozialen Kontakt und Gespräche gelegt – eine Unsitte, die sich besonders im Zeitalter des Fernsehens in allen Bevölkerungsschichten ausbreitet. In den kurzen Zeitspannen, in denen der Fernseher ausgeschaltet bleibt, müssen sich einige Kinder zudem oft mit einem fehlerhaften und unvollständigen Sprachangebot zufriedengeben. Das ist etwa auch der Fall bei einigen gehörlosen Eltern, die sich neben der Zeichensprache auch der gesprochenen Sprache bedienen. Man weiß, dass bei diesen Eltern die Grammatik fehlerhaft und die Aussprache untypisch ist. Kinder, die diesem Sprachmodell ausgesetzt sind, lernen aber trotzdem sprechen und sind durchaus imstande, sich mit anderen Mitgliedern ihrer Sprachgemeinschaft korrekt zu verständigen.[17]

Über eines sind sich alle Sprachforscher einig: Kein Mensch hört jemals alle möglichen Sätze in seiner Muttersprache, da die Kombinationsmöglichkeiten von Wörtern untereinander in jeder Sprache praktisch unendlich sind. Ungenügende oder fehlerhafte sprachliche Anregungen in der unmittelbaren Umgebung beeinträchtigen den Erstspracherwerb nicht. Anders gesagt: Ob ein Kind sprechen lernt, hängt nicht davon ab, dass man Standarddeutsch mit ihm spricht, sondern davon, dass es zum Sprechen angeregt wird, indem man überhaupt mit ihm spricht. Einen entscheidenden Einfluss auf die weitere Sprachentwicklung hat allerdings die Art der Anregung, wie wir gleich sehen werden.

Den Spracherwerb fördern

Man weiß heute, dass die ersten drei Lebensjahre für die gesamte Sprachentwicklung entscheidend sind. Mehrere Studien haben gezeigt, dass ein reichhaltiges Sprachangebot in den ersten Jahren die Sprach- und Kommunikationsfähigkeit des Kindes lebenslang beeinflusst. Wichtig für die Sprachentwicklung ist ein Umfeld, in dem Sprache eine wichtige Rolle spielt. Eltern sollten von Geburt an mit ihrem Kind sprechen, ihm vorsingen, es in den Tagesablauf einbeziehen. Wichtig ist, das Sprachangebot variationsreich und anregend zu gestalten. Es ist viel interessanter für ein Kind, wenn es seine Mutter bei den verschiedenen Handlungen und Tätigkeiten begleiten kann, als sich ausschließlich mit speziellem «Babyspielzeug» zu vergnügen. So ist es sprachlich bereichernder, zusammen mit Mama mit echten Kochtöpfen zu hantieren, als sich allein im Laufstall mit Plastikkochgeschirr zu beschäftigen.

Allerdings sollte das Sprechen mit dem Kind immer in einem für es nachvollziehbaren Sinnzusammenhang erfolgen, der Auslöser sollte Freude am Austausch mit dem Kind, am Sich-Unterhalten sein. Vor lauter Angst, sein Kind nicht genügend zu fördern, sollte man nicht in das übertriebene Verhalten mancher Mütter verfallen, die ihr Kind regelrecht mit Worten «ertränken», ein Verhalten, das der Neurobiologe Steven Pinker als «neurotisches Verhalten der westlichen Mütter» beschreibt.[18] So beklagt sich eine Mutter: «Ich habe immer viel mit meinem Sohn gesprochen. Als er ein Baby war, habe ich ihm immer alles erklärt, etwa, was ich gerade in der Küche machte; wenn ich Post bekam, las ich sie ihm vor, wenn wir im Auto waren, erklärte ich ihm, was draußen zu sehen war, bevor er noch selbst in seinem Kindersitz etwas sehen konnte. Aber deshalb hat er auch nicht früher angefangen zu sprechen! Heute ist er zweieinhalb und er macht Zwei-Wort-Sätze, aber seine Aussprache ist so schlecht, dass nur ich ihn verstehe!»

Sprachförderung bedeutet auch, dem Kind beim Sprechen Rückmeldung zu geben, indem man Interesse zeigt und auch nachhakt, wenn man es nicht verstanden hat. Das Beste, was man seinem Kind mitgeben kann, so der französische Linguist Alain Bentolila, ist, ihm klar zu sagen, wenn man es nicht verstanden hat und es bitten, das Gesagte zu wiederholen. Dadurch zeigt man ihm, dass man es ernst nimmt und dass man an seinen Äußerungen interessiert ist. Es geht darum, das Kind beim Sprechen zu unterstützen, aber nicht zu korrigieren. «Fehler», die gar keine sind, wie wir schon gesehen haben, sollten nie verbessert werden. Vielmehr kann man den Satz einfach in seiner korrekten Form wiederholen. Wenn Katharina («Nana») mit 30 Monaten etwa sagt: «Die hat Nana Puppe genehmt», so könnte die Mutter antworten: «Ah, sie hat deine Puppe genommen?»

Nur in einem Drittel aller Haushalte mit Kindern im klassischen «Vorlesealter» wird heute noch vorgelesen.[19] Dabei wird mit Bilderbüchern und durch Vorlesen die Phantasie geweckt und die Sprachfreude gefördert! Durch Bilderbücher kommt das Kind früh in Kontakt mit dem geschriebenen Wort, was man durch Spiele mit Buchstaben und Zahlen noch intensivieren kann. Das Kind sollte möglichst früh erfahren, dass sich das gesprochene Wort auch in anderer Form, nämlich durch abstrakte Zeichen auf einem Blatt Papier, darstellen lässt. Dadurch wird die phonologische Bewusstheit gefördert, die eine grundlegende Voraussetzung für das Lesenlernen und somit den späteren Schulerfolg ist.[20]

Zahlreiche Studien belegen die bedeutsame Rolle des Vorlesens und des Geschichtenerzählens anhand von Bilderbüchern für die Sprachentwicklung und die Entwicklung der «Schriftlichkeit» oder Literalität,[21] den Umgang mit Schriftsprache im weitesten Sinne. Bücher bereichern den Wortschatz des Kindes mit Wörtern und Satzstrukturen, die in der gesprochenen Sprache so nicht vorkommen. Außerdem benutzen Erwachsene beim «Vorlesen» aus dem Bilderbuch ein anderes, komplexeres Vokabular als bei den alltäglichen Verrichtungen wie Essen oder Baden.

Vorlesen ist eigentlich ein Miteinander-Lesen, ein emotional stark besetzter Vorgang, bei dem das Kind mit Hilfe der Bezugsperson Bilder entschlüsselt und durch den engen Kontakt zwischen Bild und Wort seinen eigenen Wortschatz bereichert.

Was bedeutet «zweisprachig aufwachsen»?

Vor beinahe einem Menschenalter, 1935, beschrieb der Sprachwissenschaftler L. Bloomfield Zweisprachigkeit als eine doppelte Sprachkompetenz, bei der der Sprecher zwei Sprachen jeweils so gut wie ein Einsprachiger beherrscht. Auch heute treffen wir oft noch die Meinung an, dass Zweisprachige «zwei Monolinguale in einer Person» sind. Aber was bedeutet eigentlich «eine Sprache beherrschen»? Bedingt durch das soziokulturelle Umfeld, in dem sie sich bewegen, und die unterschiedlichen Bedürfnisse, die daraus entstehen, besitzen auch Einsprachige die unterschiedlichsten Sprachniveaus. Wären die gleichen Personen zweisprachig, so würden sie ebenfalls über ein unterschiedliches Sprachniveau in beiden Sprachen verfügen. Kann man deshalb aber sagen, eine Person mit einer geringen Sprachkompetenz in beiden Sprachen sei «weniger zweisprachig» als eine andere, die eine höhere Sprachkompetenz entwickelt hat? Nach dem Bilingualismusforscher François Grosjean ist es Unsinn, nur diejenigen Menschen als zweisprachig einzustufen, die beide Sprachen perfekt beherrschen. In dem Fall würde die Mehrheit derer, die täglich zwei oder mehr Sprachen gebrauchen, gar nicht unter die Kategorie der Mehrsprachigkeit fallen.[22]

Als mehrsprachig wollen wir deshalb die- oder denjenigen bezeichnen, der regelmäßig in verschiedenen alltäglichen Situationen mehr als eine Sprache verwendet, unabhängig davon, ob er nun in einer oder beiden Sprachen der Schriftsprache mächtig oder in beiden Sprachen Analphabet ist. In einem Seminar traf ich eine in Frankreich geborene Studentin, Tochter chinesischer Einwanderer. Sie bedauerte sehr, «nicht zweisprachig» zu sein, denn weder sie noch ihre Schwester beherrschten die chinesische Schrift. Obwohl sie mit ihren Eltern ausschließlich Chinesisch sprach, da diese nie Französisch gelernt hatten, kam es ihr nicht in den Sinn, sich selbst als zweisprachig zu bezeichnen!

Im Allgemeinen ist die individuelle Sprachkompetenz in einer Sprache den Gegebenheiten angepasst, weshalb sie bei Zweisprachigen fast immer in einer ihrer beiden Sprache besser entwickelt ist. Zweisprachige, die beide Sprachen in Wort und Schrift perfekt beherrschen, sind eine Ausnahme. Natürlich ist das Sprachniveau in erster Linie vom Entwicklungsstadium abhängig; ein sechsjähriges Kind verfügt nicht über die gleiche Kompetenz in beiden Sprachen wie ein Erwachsener, und ein Erwachsener verwendet jede der beiden Sprachen entsprechend seiner beruflichen und sozialen Position auf unterschiedlichem Niveau. Der ausgeglichene («balanced») Bilingualismus ist deshalb selten, weil die Gelegenheit, beide Sprachen regelmäßig zu gebrauchen, in einer monolingualen Gesellschaft nicht gegeben ist. Die meisten Zweisprachigen sind in einer Sprache «dominant»; das bedeutet, dass eine Sprache besser entwickelt und somit die «starke» ist. Oft wird die «schwache Sprache» nur zu Hause gesprochen, während die starke Sprache außerhalb der Familie und bei der Arbeit Verwendung findet.

Für François Grosjean ist der Niveauvergleich der Sprachbeherrschung nur aus dem Blickwinkel der monolingualen Gesellschaft von Bedeutung, die annimmt, dass der Zweisprachige seine Sprachen weniger «komplett» beherrscht als ein Monolingualer. Sieht man aber vom monolingualen Standpunkt ab und betrachtet die Sprachkompetenz als Kommunikationsfähigkeit, so muss man zugeben, dass sich der bilinguale Mensch ebenso gut wie der monolinguale in allen Lebenslagen verständigen kann. Wenn überhaupt, so lässt sich Mehrsprachigkeit nur auf der Ebene der alltäglichen Kommunikation mit Einsprachigkeit vergleichen.

Alles ist Kommunikation

Ob einsprachig oder bilingual, jeder Mensch ist darum bemüht, sich seinen Mitmenschen mitzuteilen und diese Mitteilung für sein Gegenüber verständlich aufzubereiten. Aus dieser Perspektive ist es, absolut betrachtet, unwichtig, wie gut eine Person eine oder mehrere Sprachen beherrscht. Wichtig ist in einer Kommunikationssituation nur, wie sich der Sprecher seinem Gegenüber mitteilt. Was die Mehrsprachigkeit hingegen vom Monolingualismus unterscheidet, ist die größere Auswahl an Ausdrucksmöglichkeiten: Der Zweisprachige hat die Wahl zwischen Sprache A, Sprache B und einem «Mix» aus A und B, einer speziellen Ausdrucksform der Zweisprachigen.

Wie schon bemerkt, darf eine mehrsprachige Kompetenz nicht an der Norm der monolingualen Sprachkompetenz gemessen werden. Um das zu veranschaulichen, bringt der Bilingualismusforscher François Grosjean einen Vergleich aus der Welt des Sports. Beim Hürdenlauf muss ein Sportler die Leistung des Sprinters mit der eines Hochspringers zu einer neuen Leistung kombinieren. Bei seiner sportlichen Bewertung käme niemand auf die Idee, die Leistung des Hürdenläufers mit der eines Hochspringers oder eines Sprinters zu vergleichen! Ebenso wenig lässt sich das mehrsprachige Individuum als zwei Monolinguale in einer Person betrachten. Zweisprachigkeit ist nicht einfach eine doppelte Sprachkompetenz – so als wäre Sprache A das Spiegelbild von Sprache B. Zweisprachigkeit ist vielmehr eine besondere Sprachfertigkeit, die sich in keiner Weise mit der monolingualen Kompetenz vergleichen lässt.

Die Kommunikationskompetenz von Mehrsprachigen ist fluktuierend; die Fertigkeiten in jeder Sprache verändern sich im Lauf der Jahre, sie sind vom Alter, vom sozialen Umfeld und von der geographischen Situation der Person abhängig. Ein veränderter Wohnort kann zum Beispiel bewirken, dass die starke Sprache weniger gebraucht wird und somit zur schwachen wird. Wenn die berufliche oder familiäre Lage die Verwendung der zweiten Sprache nahezu unterbindet, so kann es gar zu einer wesentlichen Schwächung bis hin zum Vergessen der einst starken Sprache kommen. Dieses Schicksal widerfährt zahlreichen Sprachen von Einwanderern in einer monolingualen Gesellschaft. Während die zweite Generation größtenteils noch die Herkunftssprache zu bewahren vermag, verschwindet die doppelte Sprachkompetenz spätestens in der dritten Generation: «Meine Zweisprachigkeit hätte ich liebend gern meinen Kindern weitergegeben, aber da gab es ein Hindernis ... Ich hab's versucht, aber ich konnte es nicht durchhalten. Die Zweisprachigkeit der ‹zweiten Generation›, wie ich sie nenne, ist meiner Ansicht nach viel schwerer weiterzugeben als eine einzige Muttersprache, die man mit seinem Kind spricht!», meinte eine in Frankreich lebende Deutsche, die selbst zweisprachig aufgewachsen ist.

Intellektuelle Fähigkeiten

Die erworbenen sprachlichen Fertigkeiten – Verstehen und Sprechen, Lesen und Schreiben – wenden wir in den unterschiedlichsten Kontexten an, sei es in der Interaktion mit Gesprächspartnern, beim Lesen eines Romans oder beim Schreiben einer Rechnung. Jede sprachliche Tätigkeit beansprucht spezielle kognitive Fähigkeiten. Wenn ich meine Nachbarin begrüße oder mit ihr über das Wetter spreche, so ist das intellektuell weniger anspruchsvoll, als wenn ich eine philosophische Abhandlung schreiben soll. Die alltägliche, wirklichkeitsbezogene Kommunikation macht den Großteil unserer täglichen Handlungen aus. Nur in wenigen Situationen – beim Studium zum Beispiel, oder in der Schule – ist die Kommunikation kognitiv anspruchsvoll.

Zweisprachig zu sein bedeutet nicht, dass in beiden Sprachen ein ausreichendes Sprachniveau erreicht ist, um einen Aufsatz zu schreiben oder eine wissenschaftliche Arbeit anzufertigen. Viel häufiger ist es der Fall, dass nur eine Sprache so entwickelt ist, dass mit ihr auch kognitiv anspruchsvollere Aufgaben gemeistert werden können, während die andere Sprache nur in alltäglichen Situationen benutzt wird, etwa bei Tisch: «Reich mir das Salz, bitte.»

Je nachdem, bis zu welchem Grad intellektuell anspruchsvolle Aufgaben in jeder der beiden Sprachen gemeistert werden, wirkt sich die Zweisprachigkeit auf die allgemeine Denk- und Erkenntnisfähigkeit des Menschen aus. Wenn in beiden Sprachen eine hohe Sprachkompetenz erreicht ist, wie sie etwa benötigt wird, um einen komplizierten Sachverhalt zu verstehen und zu erklären, dann hat Zweisprachigkeit eine *additive* Wirkung auf die allgemeinen kognitiven Fähigkeiten.

Im weit häufigeren Fall der Dominanz einer Sprache wird die Denk- und Erkenntnisfähigkeit weder positiv noch negativ beeinflusst, in der Fachsprache heißt das *neutrale* Zweisprachigkeit. In bestimmten Situationen beeinflussen sich beide Sprachen negativ, es kommt zu einer allgemeinen Stagnation der Sprachentwicklung, in welchem Fall man von *subtrahiertem* Bilingualismus spricht.

Alter und Umgebung

Ohne jede Frage übt die Zweisprachigkeit von Kleinkindern auf Monolinguale den stärksten Eindruck aus. Werden im direkten Umfeld des Kindes von Anfang an zwei Sprachen gebraucht, dann entwickelt sich *simultane frühe* Zweisprachigkeit. Oft wachsen Kinder in der Familie einsprachig auf und erlernen die zweite Sprache durch den Kontakt mit der Umgebungssprache (die außerhalb der Familie gesprochene Landes- oder Mehrheitssprache). Meist finden die ersten Kontakte vor dem Erreichen des sechsten Lebensjahres, bei der Tagesmutter oder im Kindergarten, statt; auf diese Weise wird eine *konsekutive frühe* Zweisprachigkeit erworben. Kommt es zum ersten Kontakt mit der zweiten Sprache hingegen erst im Schulalter, so spricht man von *später Zweisprachigkeit*.

Anders als beim frühen Bilingualismus, wenn gleichzeitig mit dem Sprechenlernen auch zwei Sprachen ganz intuitiv erworben werden, spielen beim späteren Sprachkontakt allgemeine Lernstrategien und -mechanismen eine Rolle.

Die weitere Entwicklung des Bilingualismus wird von zahlreichen außersprachlichen Faktoren beeinflusst: Während der Einstieg in den doppelten Spracherwerb durch das Bedürfnis des Kindes, mit seinen Eltern zu interagieren, bestimmt wird, hängt die spätere Entwicklung des bilingualen Sprachverhaltens vom Einstiegsalter des Kindes ab. Ein Kind, das erst mit drei Jahren mit der zweiten Sprache in Kontakt kommt, durchläuft natürlich nicht mehr alle Phasen des Erstspracherwerbs von der Geburt an. Wie weit sich die Sprachfertigkeiten in jeder der beiden Sprachen entwickeln, wird zum großen Teil vom sozialen Umfeld bestimmt, etwa davon, ob beide Sprachen regelmäßig in verschiedenen Situationen gebraucht werden oder der Sprachgebrauch ungleich verteilt ist.

Die direkte Ursache von Mehrsprachigkeit ist immer die Notwendigkeit, mit Menschen zu kommunizieren, die nicht ein und dieselbe Sprache sprechen, erklärt François Grosjean. Dies trifft auf einen großen Teil der Weltbevölkerung zu. In Tansania zum Beispiel werden viele Kinder dreisprachig, weil sie in der Familie eine lokale Sprache, in der Grundschule Swahili und im Gymnasium dann Englisch sprechen. Dasselbe geschieht im amerikanischen Bundesstaat Arizona bei den Yaqui-Indianern. Deren Kinder sprechen in der Familie Yaqui, auf der Straße, mit den Spielkameraden, Spanisch und in der Schule Englisch!

Solange ein Kind nur von seinen Eltern erzogen wird, und unter der Voraussetzung, dass jeder der beiden Elternteile seine eigene Muttersprache mit ihm spricht und beide Elternteile annähernd gleich viel Zeit mit dem Kind verbringen, entwickelt es eine *ausgeglichene, «balancierte»* Zweisprachigkeit. Allerdings wird das Gleichgewicht in dem Moment gestört und verlagert sich zugunsten der Umgebungssprache, sobald das Kind eine Kindertagesstätte oder die Schule besucht. Um dem Druck der Mehrheitssprache standzuhalten, ist die bilinguale Schule eine wertvolle Hilfe, während die traditionelle Schule den Drang zur «Vereinsprachigung» nur noch verstärkt. Aus der balancierten Zweisprachigkeit wird dann schnell die *dominante* Bilingualität mit einer *starken* Sprache, welche die der Schule und der Umgebung ist. Da die zweite Sprache nur noch in der Familie und dort vielleicht nur von einer Person gesprochen wird, ist sie weniger spontan abrufbar, entwickelt sich weniger und wird deshalb die *schwache* Sprache.

Welche der beiden Sprachen sich weiterentwickelt und welche in der Entwicklung nachhinkt, wird also vom direkten Umfeld des Kindes bestimmt.

Sind alle Sprachen gleich?

Ob eine balancierte, dominante, additive, neutrale oder subtrahierte Zweisprachigkeit erreicht wird, hängt in erster Linie, wie wir gesehen haben, vom Sprachgebrauch in der unmittelbaren Umgebung des Individuums ab. Ob, wann und wie beide Sprachen in der Umgebung des Kindes und mit dem Kind gesprochen werden, wird auch durch äußere Einflüsse bestimmt, etwa durch das Ansehen, das die jeweilige Sprache in der Gesellschaft genießt. Insofern hat das Sprachprestige eine indirekte Wirkung auf die Entwicklung des Bilingualismus. Die Chance, zweisprachig zu werden, ist hierzulande größer, wenn in einer Familie der Vater Deutsch und die Mutter Englisch spricht, als wenn der Vater Hindi und die Mutter Deutsch spricht.

Als internationale, in verschiedenen Teilen der Erde und von einem hohen Anteil der Weltbevölkerung gesprochene Sprache kommt dem Englischen natürlich ein besonderer Status zu, sodass die Zweisprachigkeit, die Englisch umfasst, von der Gesellschaft positiv bewertet wird. Dasselbe kann man von anderen Sprachen, wie Hindi, Vietnamesisch oder Niederländisch, nicht behaupten. Weder Hindi noch Vietnamesisch sind international anerkannte Sprachen, mit der Folge, dass die Vermittlung an die nächste Generation oft von den Sprechern selbst als «nutzlos» betrachtet wird, da ihre Beherrschung außerhalb des Herkunftslandes nicht den erstrebten sozialen Aufstieg verspricht. Eine «prestigelose» Sprache zu sprechen, eine Minderheitssprache, wird häufig auch von Lehrern, Erziehern oder Institutionen als überflüssig, wenn nicht gar als ein Hindernis beim Erlernen der Landessprache betrachtet.

Wie wir sehen, sind es nicht nur die Sprachgewohnheiten in der Familie und das Sprachangebot, das dem Kind zur Verfügung steht, die die Entwicklung der Zweisprachigkeit beeinflussen, sondern zusätzlich spielen auch noch makrosoziologische Faktoren mit, wie das Ansehen einer Sprache und der Stellenwert von Mehrsprachigkeit in der Gesellschaft.

2. Wie wird man zweisprachig?

Hartnäckige Vorurteile

Von den etwa 280 Ländern oder Staaten der Welt sind weniger als ein Drittel (29%) tatsächlich einsprachig.[23] Man muss also annehmen, dass die übrigen zwei Drittel der Menschheit im regelmäßigen Kontakt mit mindestens zwei Sprachen leben! Trotzdem halten sich in unseren Breitengraden im Hinblick auf Zweisprachigkeit hartnäckige Vorurteile. Mehrsprachigkeit wird als ein Randphänomen in unserer Gesellschaft betrachtet, das in Deutschland – als Folge der Einbürgerungsgesetze – lange Zeit hauptsächlich ausländische Mitbürger betraf. Bis jetzt, oder genauer genommen, bis zur ersten PISA-Studie, hat man sich für die Sprachprobleme von Ausländern wenig interessiert – war doch alles, was man von ihnen verlangte, Deutsch zu können! Mehrsprachigkeit war somit lange kein Thema für die deutsche Gesellschaft – genauso wenig übrigens wie in Frankreich, obwohl ein bedeutender Teil der französischen Bürger seine Wurzeln in den ehemaligen Kolonien hat, von wo sie auch ihr wertvollstes (und oft einziges) Erbe, ihre Sprachen, mitgebracht haben.

Die ersten Untersuchungen früher Zweisprachigkeit gingen bis in die 1960er Jahre hinein von einem negativen Einfluss auf die «Intelligenz» der Kinder aus. Eine typische Untersuchung dieser Epoche ist die des Waliser Linguisten J. D. Saer,[24] der 1923 1400 bilinguale und monolinguale Kinder zwischen 7 und 14 Jahren auf ihre Intelligenz testete. Beim Vergleich der Testergebnisse ergab sich ein um zehn Punkte höherer Intelligenzquotient bei den einsprachigen Kindern! Das Problem dieser Ergebnisse, wie vieler anderer darauf folgender, liegt einerseits im Intelligenztest selbst. Die Studien vor 1960 waren zudem nicht wissenschaftlich untermauert. So verglich man in englischen Sprachtests die Ergebnisse von Einwandererkindern, die gerade erst Englisch lernten, mit denen englischsprachiger

Kinder. Außerdem hatte man das wichtige Kriterium der sozialen Herkunft der Kinder außer Acht gelassen. Die Ergebnisse dienten lediglich dazu, den zugewanderten Kindern geistige Verwirrtheit zu bestätigen; ihre Erstsprache wurde als «sprachliches Hindernis» abgetan, das zu einem Gefühl der Entwurzelung bis hin zur Persönlichkeitsspaltung führen sollte.

Es ist erst seit 40 Jahren üblich, dass die Sprachforschung mit wissenschaftlich seriösen Methoden Mehrsprachigkeit bei Kindern untersucht. Und die Ergebnisse geben seitdem zu erkennen, dass sich diese im schlimmsten Fall neutral auf die Gesamtentwicklung des Kindes auswirkt.

Trotzdem wird die Ansicht, Zweisprachigkeit übe eine negative Wirkung auf die psychosoziale und kognitive Entwicklung des Kindes aus, auch heute noch in bestimmten Kreisen vertreten. Zahlreiche Eltern, aber auch Fachleute (ÄrztInnen, LehrerInnen u. a.) tragen sich noch mit dem Gedanken, dass das Aufwachsen mit zwei (oder gar mehr!) Sprachen «geistige Verwirrung» und sonstige Probleme mit sich bringen kann. Erst kürzlich konnte man auf einem Internetforum Folgendes nachlesen: «Ich erwarte mein erstes Kind und gerate in Panik, wenn ich daran denke, wie verwirrend das gleichzeitige Lernen von zwei Sprachen für ein Kind ist. Dass zweisprachige Kinder später sprechen lernen ist ganz normal, die Armen müssen gleich zwei Sprachen auf einmal lernen und das ist Mehrarbeit für ihr Hirn!» Ein anderer Beitrag berief sich auf sogenannte «Fachleute»: «Ich habe einen Spezialisten sagen gehört, dass ein Kind, das im permanenten Kontakt mit zwei Sprachen ist, keine richtig lerne. Zum Beispiel, wenn ein Kind immer Deutsch und Englisch hört, dann kann es beide Sprachen nicht unterscheiden und wird eher ‹denglisch› sprechen.»

Im Kollektivbewusstsein der monolingualen Gesellschaft ist «Sprachmischen» ein negativ besetzter Begriff, verbunden mit Eigenschaften wie hybrid, verwirrt oder unrein. Die «gemischte» Sprache wird als Hindernis für das Erlernen einer «reinen» Sprache[25] angesehen, das Bildungserfolg und sozialen Aufstieg gefährdet.

Wie viel Platz braucht die Sprache im Gehirn?

Negative Einstellungen und Vorurteile im Hinblick auf Mehrsprachigkeit rühren oft daher, dass sich der Laie eine falsche Vorstellung davon macht, wie unser Gehirn Sprachen verarbeitet.

Eine verbreitete Vorstellung ist, dass «Sprache» ein einheitliches System ist, für dessen Erlernen viel Zeit und Anstrengung nötig ist. Man stellt sich weiter vor, dass das Sprachsystem in einer bestimmten Region im Hirn «aufbereitet» wird und dass die Sprache sich dort dann «festsetzt». Jede weitere Sprache, die gelernt wird, wird ebenfalls als einheitliches System erworben und muss sich demnach einen Platz «neben» der ersten Sprache sichern. Mit jeder neuen Sprache wird der Platz immer enger, und so lässt sich die Ansicht verstehen, es wäre besser, den für Sprache im Hirn bestimmten Platz erst einmal für die Muttersprache zu reservieren, damit diese sich «voll entfalten» kann. Ist die Muttersprache erst einmal «fixiert», so stellt man sich vor, kann eine neue Sprache lediglich als Erweiterung des Lexikons, als Übersetzung der ersten, gelernt werden, die dann weniger Platz und «Anstrengung» bedarf.

Aber stimmt das wirklich?

Wir wissen, dass wichtige Sprachfunktionen (bei Rechtshändern) in der linken Hirnhälfte angesiedelt sind, während sich andere Fertigkeiten, etwa das Gedächtnis für ein auswendig gelerntes Gedicht, in der rechten Gehirnhälfte befinden. Die Frage ist also, wo im Gehirn die zusätzlich zur Erstsprache oder gleichzeitig mit ihr erlernten Sprachen verarbeitet werden.

Dank der Fortschritte in der Hirnforschung wissen wir inzwischen etwas besser, wie das Gehirn auf sprachliche Reize reagiert. Neue bildgebende Verfahren lassen uns erkennen, welches Areal im Gehirn aktiv ist, wenn eine Person ein Ereignis erzählt oder eine aufgenommene Stimme hört. Mit der funktionellen Magnetresonanztomographie (fMRT) kann man die Reaktionen bestimmter Regionen des Gehirns auf das gesprochene Wort, selbst schon bei Babys, auf einem Bildschirm farblich sichtbar machen. Je höher die Durchblutungsaktivität an einer bestimmten Stelle ist, desto aktiver «arbeitet» dort das Gehirn. Um herauszufinden, wie unser Gehirn auf eine Zweitsprache reagiert, hat man zuerst Erwachsene untersucht. Dabei fand man heraus, dass eine spät erworbene Zweitsprache nicht im allgemeinen Sprachzentrum (die Broca- und Wernicke-Region in der linken Hirnhälfte) angesiedelt ist, sondern an ganz anderen Stellen im Gehirn. Auffälligerweise unterscheiden sich die im Gehirn jeweils aktiven Regionen von Individuum zu Individuum, was auch die unterschiedliche Sprachkompetenz bei späten zweisprachigen Erwachsenen erklären könnte.

Bei solchen Erwachsenen, die ihre Sprachen früh, das heißt vor der Vollendung des sechsten Lebensjahrs, erworben haben, hat man hingegen festgestellt, dass beide in demselben Hirnareal verarbeitet werden. In diesem Fall werden beide Sprachen wie erste Sprachen behandelt. Jüngere Studien zeigen außerdem, dass je nachdem, wie hoch die erreichte bilinguale Sprachkompetenz ist, unterschiedliche Regionen des Gehirns zur Verarbeitung von Sprache aktiviert werden. Beim dominanten Bilingualismus (eine starke Sprache) wird bei der Verarbeitung der weniger entwickelten Sprache eine außerhalb des üblichen Sprachzentrums liegende Region aktiviert; je besser allerdings die zweite Sprache beherrscht wird, desto mehr findet ihre Verarbeitung im allgemeinen Sprachzentrum statt. Die neurolinguistische Forschung steckt noch in den Kinderschuhen, und es wird noch mehrere Jahre spannender Untersuchungen beanspruchen, bis wir endgültig sagen können, wo und wie genau die Fixierung der Sprachen im Fall von Einsprachigkeit bzw. Mehrsprachigkeit stattfindet.

Wie bemerkt, wird bei frühen Zweisprachigen das allgemeine Sprachzentrum aktiv, das heißt also, dass in diesem Fall beide Sprachen «am selben Ort sitzen». Man könnte nun leicht daraus schließen, dass dieser Zustand eben gerade zur gefürchteten Sprachverwirrung führt. Deshalb müssen wir uns fragen, was denn eigentlich im Hirn geschieht, wenn wir sprechen.

Das erste mentale Lexikon

Im vorigen Kapitel haben wir gesehen, wie Kinder sprechen lernen und wie dabei allmählich ein erster Wortschatz aufgebaut wird. Ab einem Alter von 18 Monaten, so haben wir erfahren, lernt ein Kind täglich vier bis zehn neue Wörter hinzu, bis sein mentales Lexikon mit sechs Jahren ungefähr 3000 bis 6000 Wörter umfasst! Damit ist die Arbeit aber noch nicht zu Ende, das Lernen geht weiter, bis im Erwachsenenalter die Zahl von 50 000 bis 150 000 Wörtern erreicht ist.[26]

Im langen Prozess des Spracherwerbs muss eine beachtliche Menge an Informationen über die Wörter im Hirn gespeichert werden: Das mentale Lexikon enthält Informationen über die Aussprache (Klangmuster), über die Bedeutung (semantische Information), und darüber, wie die Wörter miteinander kombiniert werden (syntaktische Informationen). Bedeutungen von Gegenständen werden als mentale Bilder, als Konzepte, im Hirn gespeichert. Wenn wir von einem Hund sprechen, können wir ihn uns bildlich vorstellen, ohne dass das Tier in der Nähe ist. Die Organisation des Lexikons geschieht durch die Vernetzung aller Elemente; beim Abrufen eines Wortes, etwa «Hund», werden gleichzeitig eine Reihe anderer Assoziationen abgerufen: bellen, mit dem Schwanz wedeln, Labrador usw. Diese Assoziationen sind weitgehend durch persönliche Erfahrungen beeinflusst.

Das mentale Bild, das Konzept, ist in jeder Sprache unwiderruflich an ein Klangbild, an ein Wort, gebunden. Aber diese Bindung von Gegenstand und Bedeutung ist willkürlich, da der gleiche Gegenstand in einer anderen Sprache an ein anderes Wort gebunden ist.

Eine grundlegende Überlegung ist nun, wie dieses mentale Lexikon im zweisprachigen Gehirn aussieht. Werden die beiden Sprachen in einem einzigen Sprachsystem repräsentiert, in dem alle Elemente gemischt sind oder hat die zweisprachige Person zwei klar getrennte Sprachsysteme?

Frühere Studien vertraten die These, dass das mentale Lexikon bei Zweisprachigen, je nach Alter beim ersten Kontakt mit der

Zweitsprache, unterschiedlich aufgebaut sei. Bei der frühen Zweisprachigkeit bilde sich ein einziges Sprachsystem (*kompakter* Bilingualismus), während bei späterem Kontakt mit der zweiten Sprache beide Sprachen in getrennten Sprachsystemen (koordinierter Bilingualismus) gespeichert seien.

Beim koordinierten Bilingualismus hätten wir es mit zwei getrennten Lautsystemen und mentalen Bedeutungssystemen zu tun; gewissermaßen mit einer «doppelt einsprachigen» Person, oder zwei Einsprachigen in einer Person. Ein deutsch-französisch Zweisprachiger würde demnach das Wort «fleur» (Blume, auf Französisch), das an das Konzept «FLEUR» gebunden ist, neben dem Wort «Blume» mit dem Konzept «BLUME» besitzen.

Bei früher Zweisprachigkeit hingegen hätten wir ein einziges Sprachsystem, in dem zwei getrennte Wortlexika («fleur» und «Blume») mit einer mentalen Darstellung der Wirklichkeit (in unserem Fall der Gattung BLUME) verbunden sind. In unserm Fall könnten wir dieses Konzept als «BLUMFLEURE» darstellen.[27]

Nach dieser Vorstellung ist ein späterer Zweitsprachenerwerb erstrebenswerter, da sich dann beide Sprachsysteme «unabhängig» voneinander entwickeln – das so unliebsame Sprachmischen ließe sich auf diesem Weg vermeiden. Die Theorie der unterschiedlichen Bearbeitung der beiden Sprachsysteme hat dazu geführt, dass auch heute noch Lehrer und Erzieher darauf bestehen, ein gelungener Bilingualismus sei nur möglich, wenn die erste Sprache genügend entwickelt ist; ansonsten seien Interferenzen durch die zweite Sprache zu befürchten.

Im Verständnis der Organisation von Sprache im Gehirn beim doppelten Erstspracherwerb hat die Forschung zwischenzeitlich große Fortschritte gemacht. Heute weiß man, dass weder die Annahme von zwei getrennten Sprachsystemen noch die eines gemeinsamen Systems der komplexen Struktur von Sprache beim doppelten Erstspracherwerb gerecht werden. Man muss die doppelte Erstsprache vielmehr als ein System sehen, bei dem zwei phonetische Lexika, also zwei Ausdrucksformen (*Hund/chien*), auf verschiedenen Ebenen miteinander verknüpft sind, unter anderem auch über das Konzeptsystem (das semantische Lexikon). Diesen Sachverhalt hat man in verschiedenen Studien darstellen können, in denen die Antwortzeit Bilingualer beim Übersetzen bzw. beim spontanen Benennen von Bildern gemessen wurde. Man hat herausgefunden, dass das Benennen eines Objekts in beiden Sprachen etwas schneller funktioniert als das Übersetzen, das sozusagen einen «Umweg» über das semantische Lexikon nehmen muss.[28]

Um darzustellen, wie die Sprachen im Gehirn gespeichert sind, wählt der kanadische Erziehungswissenschaftler Jim Cummins[29] das Bild eines Eisbergs mit doppelter Spitze. Die Sprachkompetenz – also grammatische Regelsysteme, Artikulationsmuster, die Konzepte oder mentalen Darstellungen – stellen den größeren, verborgenen Teil des Eisbergs dar. Die beiden sichtbaren Spitzen des Eisbergs sind die getrennten Lautsysteme (die hörbare Sprache) von Sprache A und Sprache B. Unabhängig von der gerade benutzten Sprache (beim Sprechen, Lesen, Schreiben oder Zuhören) entsteht jede nichtverbale Aktivität, wie die Gedanken, in einem einzigen, dem unter der Oberfläche verborgenen Teil des Eisbergs.

Sprechenlernen ist wie Laufenlernen eine singuläre Angelegenheit: die einmal gelernte Fertigkeit bleibt uns ein Leben lang erhalten. Beim Sprechenlernen erwirbt das Kind auch die verschiedenen Funktionen der Sprache, es lernt bitten, erzählen, die Elemente seiner Umgebung zu benennen. Es lernt auch, dass die Dinge verschiedene Namen haben, je nach der Person, die sie benennt, oder auch abhängig von dem Ort, an dem man sich befindet: Yasmina, 28 Monate, weiß: «Papa sagt ‹kursi› (arabisch), Mama sagt ‹Stuhl›.»

Patricia, eine in Shanghai geborene Chinesin, lebt seit ihrem 13. Lebensjahr in Paris. Sie ist mit einem Franzosen verheiratet und hat eine dreijährige Tochter, Lio, mit der sie Chinesisch spricht. Lio ist in beiden Sprachen ziemlich fit und weiß genau, welche Sprache sie mit wem sprechen soll. Dazu bedient sie sich äußerlicher Merkmale: alle asiatisch aussehenden Personen spricht sie generell auf Chinesisch an. «Sie ist jedes Mal ziemlich durcheinander, wenn ein Asiate französisch mit ihr spricht», berichtet Patricia.

Sobald die passende Sprache feststeht, hat das zweisprachige Gehirn noch zusätzliche Arbeit zu leisten: Beim Sprechen muss das andere Sprachsystem vollständig «ausgeschaltet» werden. Kürzlich haben britische Forscher die Region im Gehirn sichtbar machen können, die wahrscheinlich dafür verantwortlich ist, dass ein Bilingualer schnell von einer Sprache zur anderen «umschalten» kann.[30] Die Testpersonen, englisch-japanische und englisch-deutsche Zweisprachige, mussten Wortpaare auf einem Monitor lesen, die in Bedeutung und Sprache entweder gleich oder verschieden waren. Eine bestimmte Region im Hirn (der Nucleus Caudatus) wurde jedes Mal dann verstärkt aktiviert, wenn zwei Wörter entweder Unterschiedliches bedeuteten oder verschiedenen Sprachen angehörten.

Ein japanisches Forscherteam hat kürzlich den Beweis erbracht, dass das Hirn mehr «arbeitet», wenn die zu unterscheidenden Sprachsysteme sehr verschieden sind. Sie haben die Gehirnaktivität von chinesisch-englischen und koreanisch-englischen bilingualen Testpersonen mittels der schon erwähnten bildgebenden Verfahren gemessen. Bei den Verständnistests in Koreanisch bzw. Chinesisch und Englisch waren erstens verschiedene Regionen im Gehirn aktiviert und außerdem war die Gehirnaktivität bei den englischen Tests intensiver, während sie bei den koreanischen und chinesischen gleich hoch lag. Daraus ist zu schließen, dass das Hirn «mehr» und in anderen Arealen arbeiten muss, wenn eine Zweitsprache aktiviert wird, die sich von der starken Sprache maßgeblich unterscheidet. Diese Entdeckung bedeutet natürlich nicht, dass es für ein Kind schwieriger ist, mit Chinesisch und Deutsch aufzuwachsen als mit der Kombination Niederländisch und Deutsch! Es ist eher ein Beweis dafür, dass das menschliche Hirn durchaus dafür ausgestattet ist, so entfernte Sprachen wie Chinesisch und Deutsch auseinanderzuhalten, genauso wie es auch nah verwandte Sprachen, wie Deutsch und Niederländisch, getrennt aktivieren kann.

Diese zusätzliche «Arbeit» ist ein vieldiskutierter Punkt, wenn es darum geht, die Wirkung von Zweisprachigkeit auf die Intelligenz zu hinterfragen.

Was hat Zweisprachigkeit mit Intelligenz zu tun?

Unter Fachleuten verschiedener Forschungsrichtungen gibt es hitzige Debatten darüber, ob und wie sich Intelligenz messen lässt. Dabei ist allein schon der Begriff umstritten. Vereinfacht ausgedrückt, versteht man unter Intelligenz die Fähigkeit, sich in ungewohnten Situationen zurechtzufinden, Zusammenhänge zu erkennen und optimale Problemlösungen zu finden. Für die einen ist Intelligenz ein unveränderlicher Teil der Persönlichkeit, für die anderen wird Intelligenz durch äußere Einflüsse und Erfahrungen des Individuums (in der Familie, durch Erziehung, durch kulturelle Einflüsse) geformt. Andere wiederum sprechen von «multiplen Intelligenzen», etwa einer musikalischen Intelligenz, einer mathematischen oder einer sprachlichen Intelligenz. Die Frage, ob man Intelligenz durch schriftliche Tests messen kann, die für jede Frage nur eine korrekte Lösung zulassen, wird ebenfalls heftig debattiert.

Teste ich die verbale und nonverbale Intelligenz einer bilingualen Person, wird den kulturellen Aspekten des Sprachkontakts natürlich keine Rechnung getragen. Verbale Tests finden zudem immer in einer bestimmten Sprache statt, was sich bei einem ungleich zweisprachigen Kind ungünstig auswirkt. Im Allgemeinen sind diese Tests heute stark umstritten, da sie nur einen Teil der Intelligenz messen und außerdem das Weltbild der Mittelklassen in der westlichen Welt reflektieren.[31] Die Gültigkeit solcher Tests ist demnach in Frage gestellt, wenn sie bei Personen angewendet werden, die in einem anderen Kulturkreis sozialisiert worden sind. So haben etwa die Kinder der Navajo-Indianer Nordamerikas größere Schwierigkeiten, Objekte nach Farben zu sortieren als englischsprachige Kinder. Beim Ordnen von Objekten nach Formen sind sie jedoch den amerikanischen Kindern weit voraus, denn in der Navajosprache gibt es formbestimmende Morpheme (= die kleinste bedeutungstragende sprachliche Einheit),[32] die das Englische nicht kennt.

Neben Sprachstandserhebungen bei Migrantenkindern, die allesamt auf negative Auswirkungen von Zweisprachigkeit hingewiesen haben, gibt es auch frühe Studien von Sprachwissenschaftlern wie dem Franzosen J. Ronjat und dem Deutschen W. F. Leopold,[33] die die Sprachentwicklung ihrer eigenen, bilingual erzogenen Kinder untersucht haben. Ihre Ergebnisse legten den Schluss nahe, dass der elitäre Bilingualismus, der Kombinationen von Sprachen wie Englisch, Französisch oder Deutsch betrifft, die «Intelligenz» der Kinder fördere. Die andere Form des Bilingualismus, die weltweit am meisten verbreitet ist und Sprachkombinationen mit geringerem

Stellenwert betrifft, stelle hingegen ein Hindernis für die volle Entfaltung der kindlichen Fähigkeiten und Fertigkeiten dar! Das eine wie das andere Argument wird benutzt, wenn es darum geht, das frühe Fremdsprachenlernen zu fördern, oder aber gegen die frühe Mehrsprachigkeit zu Felde zu ziehen.

Eine entscheidende wissenschaftliche Untersuchung wurde 1962 von zwei kanadischen Forschern, Elizabeth Peal und Wallace Lambert, durchgeführt.[34] Sie untersuchten den Zusammenhang zwischen Zweisprachigkeit und Intelligenz von 110 Zehnjährigen in der Umgebung von Montreal, die entweder französisch- und englischsprachig oder nur englischsprachig waren. Es ergab sich, dass die zweisprachigen Kinder der einsprachigen Kontrollgruppe weit überlegen waren. Dies wurde mit der intellektuellen Beweglichkeit erklärt, die die Zweisprachigen dadurch entwickeln, dass sie regelmäßig von einem Symbolsystem zum andern wechseln müssen. Die abwechselnde Aktivierung und Deaktivierung der beiden Sprachsysteme wirkt wie eine Art Hirngymnastik, die die allgemeine Leistungsfähigkeit erhöht.

Aber auch diese bahnbrechende Bilingualismusstudie weist systematische Fehler auf. Ein wichtiger Kritikpunkt ist die Tatsache, dass die 110 Kinder der Versuchsgruppe aus 350 zweisprachigen Kindern aufgrund ihrer ausgewogenen Zweisprachigkeit ausgewählt worden waren, während die in einer Sprache dominanten Kinder eliminiert wurden. Auf die Frage, ob besondere intellektuelle Fähigkeiten der Kinder die balancierte Zweisprachigkeit bewirkt haben oder ob es diese Art von Bilingualismus war, die die intellektuellen Fähigkeiten gefördert hat, gibt es keine klare Antwort.

Jedenfalls lässt sich feststellen, dass, je nach Art der Testaufgaben, die Ergebnisse eine vorteilhafte bis neutrale Wirkung der Zweisprachigkeit auf die intellektuellen Fertigkeiten belegen. Während einige Studien der Zweisprachigkeit jegliche Wirkung absprechen, finden andere eine positive Wirkung bei bestimmten Aufgaben oder bei bestimmten Sprachkombinationen. Heute ist man sich darin einig, dass ein Vorteil nur entsteht, wenn eine ausgewogene Zweisprachigkeit erreicht ist, das heißt, wenn das Kind in beiden Sprachen gleichermaßen kompetent ist. Der dominante Bilingualismus, die bei weitem meistverbreitete Form, hat nach Meinung der Wissenschaft keine Wirkung auf die intellektuellen Fertigkeiten des Kindes. Zudem muss man hervorheben, dass es sich bei den Studien, die eine «negative» Wirkung von Zweisprachigkeit aufzeigen, ausschließlich um Kinder aus Sprachminderheiten handelt, die sich gezwungenermaßen die Mehrheitssprache aneignen müssen, während ein positiver Effekt immer dort gefunden wurde, wo beide Sprachen einen hohen Stellenwert besitzen.

Die stark divergierenden Forschungsergebnisse machen es zweifelhaft, einen Zusammenhang zwischen Intelligenz und Zweisprachigkeit feststellen zu können, da zu viele nicht kontrollierbare Elemente jeden Vergleich von zweisprachigen und monolingualen Kindern problematisch machen. Heute vergleicht man die Kinder nicht mehr mittels Intelligenztests, sondern untersucht den Denkprozess, hinterfragt Lernstrategien und Fertigkeiten der Zweisprachigen.

Was bewirkt Zweisprachigkeit?

Wenn Zweisprachigkeit auch nicht intelligenter macht, so hat man doch gefunden, dass der Denkprozess bei Zweisprachigen anders verläuft. Sie haben einen weniger genormten Denkstil, sie sind kreativer, flexibler und offener. Der Denkstil bestimmt, wie man an ein Problem herangeht und wie man es löst. Im Gegensatz zum Intelligenztest, der nur eine richtige Antwort auf eine Frage zulässt, ist bei der Überprüfung des Denkstils die Variationsbreite der gefundenen Antworten von Bedeutung. Auf die Frage, was man mit einem Ziegelstein anstellen kann, würde ein konvergenter Denker die allgemein gültigen Verwendungsarten aufzählen, wie eine Mauer oder ein Haus bauen. Ein divergenter Denker würde dazu noch eine Reihe von originellen Verwendungsarten erfinden, etwa ein Maulwurfsloch stopfen, einen wackligen Tisch begradigen oder ein Fenster einschlagen.[35]

Die Studien, die sich für den Denkstil von bilingualen Menschen interessieren, gehen davon aus, dass jemand, der für ein und dasselbe Objekt zwei oder mehr Begriffe besitzt, ein originelleres und flexibles Denksystem aufbaut. Dadurch, dass Zweisprachige für einen Begriff mehrere Wörter besitzen, haben sie auch Zugriff auf eine größere Bandbreite von damit assoziierten Bedeutungen. Der englische Sozialpsychologe Colin Baker gibt ein Beispiel aus dem Walisischen und dem Englischen. Im Walisischen heißt Schule «ysgol», was aber auch «Leiter» bedeutet. Ein walisisch-englisches Kind hätte also für das Konzept «Schule» eine zusätzliche Bedeutung, nämlich die von «Schule» als einer Leiter im Sinne von Aufstieg.[36]

Die Frage des Denkstils von Zweisprachigen wurde in mehreren Ländern und mit verschiedenen Sprachen überprüft. Alle Studien kommen zu dem Schluss, dass bilinguale Kinder, verglichen mit Einsprachigen, tatsächlich einen kreativeren und divergenten Denkstil haben. Nicht zu übersehen ist allerdings die Tatsache, dass alle Studien in Situationen geführt wurden, in denen Zweisprachigkeit positiv besetzt war.

Zweisprachige Kinder erreichen früher als einsprachige die Fähigkeit, über die Natur und Funktionsweise von Sprache nachzudenken. Durch die frühzeitige Organisation von Sprache in zwei Bedeutungssystemen lernen sie, dass die Verbindung zwischen Wort und Bedeutung willkürlich ist. Fragt man zweisprachige Kinder etwa, ob man eine Kuh auch «Hund» nennen könne, so bejahen diese die Frage, während einsprachige Kinder diesen Vorschlag rigoros ablehnen.[37]

Das Analysieren von Sprache und die Einsicht, dass Wort und Bedeutung voneinander unabhängig sind, ist eine wichtige Grundlage beim Übergang zur Schriftsprache. Dank ihrer frühen metasprachlichen Fähigkeiten sind zweisprachige Kinder auch in dieser Beziehung den einsprachigen voraus.

Allerdings muss auch hier bemerkt werden, dass die metasprachliche Bewusstheit desto stärker ausgeprägt ist, je ausgewogener die Zweisprachigkeit ist. Das Vermögen, Sprache zu analysieren, ist auch eine notwendige Voraussetzung beim Erlernen von Fremdsprachen. Zahlreiche Studien berichten über den positiven Effekt von Zweisprachigkeit beim Fremdsprachenlernen. Bilinguale Kinder haben leichteren Zugang zu einer dritten Sprache, unter der Bedingung allerdings, dass sie zum Erlernen genügend motiviert sind, also Lust auf die dritte Sprache als Kommunikationsmittel haben. Langweiliger Sprachunterricht oder schlechter Kontakt mit dem Lehrer haben hier verheerende Folgen, denn zweisprachige Kinder sind mehr als monolinguale auf die Kommunikationsfunktion einer Sprache konzentriert. So konnte die Tochter einer Freundin, die zweisprachig deutsch-französisch in Frankreich aufwuchs, dem wirklichkeitsfernen Spanischunterricht im französischen Gymnasium absolut keinen Sinn abgewinnen und ihre Noten waren dementsprechend miserabel.

Man hat darüber hinaus festgestellt, dass zweisprachige Kinder in Gesprächssituationen sensibler auf ihren Gesprächspartner eingehen; so achten sie besonders auf nonverbale Signale ihres Gegenübers. Das kann daher kommen, dass sie in Gesprächssituationen immer zuerst entscheiden müssen, welche Sprache zu verwenden ist und mit welcher Person und in welchem Moment sie die Sprache wechseln können.

Und *last but not least* ist nicht zu vergessen, dass ein positiv gelebter Bilingualismus das Selbstbewusstsein des Kindes stärkt und für die Persönlichkeitsentwicklung eine bedeutende Rolle spielt.

Von Zeitfenstern und kritischen Perioden

Menschen, die von Geburt an mit zwei Sprachen aufwachsen, stellen weltweit eine Minderheit dar, verglichen mit jenen, die im Laufe ihres Lebens mit einer zweiten Sprache konfrontiert werden. Wir wissen, dass die Fähigkeit, sprechen zu lernen, genetisch im Menschen verankert ist und dass aus dieser Fähigkeit eine Fertigkeit wird, wenn mit dem Baby von Geburt an gesprochen wird. Wir haben auch gesehen, dass das Baby und Kleinkind, dank des genetisch verankerten «Sprachlernmechanismus» auf eine Universalgrammatik zurückgreifen kann, in der sozusagen alle Sprachsysteme der Anlage nach vorhanden sind. Mit diesen Fähigkeiten versehen, baut das Kind seine Sprache auf, es wächst in die Sprache seiner Umgebung hinein.

Für die meisten Erwachsenen ist das Erlernen einer Fremdsprache mit Mühe und Anstrengung verbunden, aber trotzdem erreichen ungefähr fünf Prozent muttersprachliche Fertigkeiten. Samuel Beckett, Vladimir Nabokov oder Joseph Conrad sind zu Sprachvirtuosen in ihrer Zweitsprache geworden, in der sie ihr literarisches Werk verfasst haben: Französisch im Falle von Beckett, Englisch im Falle von Nabokov und Conrad. Diese Ausnahmeerscheinungen sind jedenfalls der Beweis dafür, dass Sprachenlernen in jedem Alter möglich ist, und sollten ein Hoffnungsstrahl für all diejenigen sein, die nicht das Glück hatten, im bilingualen Sprachbad aufzuwachsen.

Vergleicht man die Sprachfertigkeiten von Erwachsenen in einer spät erlernten Zweitsprache mit den muttersprachlichen Fertigkeiten von Kindern, so fällt der Vergleich eindeutig zugunsten der Kinder aus. Daraus glaubte man schließen zu können, dass ein fundamentaler Unterschied zwischen dem Fremdsprachenlernen des Erwachsenen und dem Sprechenlernen des Kindes besteht. Und in der Tat werden beim Sprachenlernen im Erwachsenenalter dieselben Lernstrategien aktiv wie etwa beim Lösen einer Mathematikaufgabe: Vergleich, Schlussfolgerung und logisches Denken. Der Zugang zur Universalgrammatik, also zum intuitiven, «natürlichen» Lernen, ist dem Erwachsenen versperrt. Jede neue Sprache wird gelernt, indem sie automatisch mit der Erstsprache verglichen wird und neue Regeln von den aus der Erstsprache bekannten abgeleitet werden.[38] Damit wäre erklärt, warum die Mehrheit der Erwachsenen die Grammatik einer spät erlernten Zweitsprache nie in der Weise beherrscht wie die ihrer Muttersprache.

Wie bereits erwähnt, ist bei 95 Prozent derjenigen, die eine Zweitsprache im Erwachsenenalter lernen, ein begrenztes Niveau an Grammatik- und Aussprache-Fertigkeiten die Regel, auch dann, wenn die Intensität und Qualität des Sprachkontakts der eines Kindes beim Erstspracherwerb gleicht.

Angesichts dieses grundsätzlichen Unterschieds des muttersprachlichen und fremdsprachlichen Spracherwerbs lässt sich folgern, dass es eine begrenzte Zeit geben muss, während der das Erlernen von Sprachen als Muttersprachen möglich ist.

Man weiß, dass das Reifen des Gehirns nach der Geburt andauert, dass etwa die Lateralisierung[39] des Gehirns erst nach mehreren Jahren beendet ist. Seit etwa 30 Jahren geht man davon aus, dass die

Fähigkeit, sprechen zu lernen, von der Plastizität des Gehirns und seiner allmählichen Reifung abhängt. Auf diesen neuropsychologischen Beobachtungen basierend, hat der Sprachwissenschaftler H. Lenneberg die Hypothese aufgestellt, dass die «kritische Periode» des Spracherwerbs in der Pubertät, mit dem Verlust der Plastizität des Gehirns, zu Ende gehe. Wenn das «Zeitfenster» erst einmal geschlossen ist, wird jede weitere Sprache nicht mehr das Niveau der Muttersprache erreichen.

Jeglicher Spracherwerb, der nach der Pubertät beginnt, wäre demnach immer unvollständig, verglichen mit dem Erstspracherwerb vor der Pubertät. Die These Lennebergs besagt auch, dass das Zweitsprachenlernen bis zur Pubertät intuitiv erfolgt und dass ein Kind eine Fremdsprache auf dieselbe natürliche Weise und genauso perfekt erlernt wie seine Muttersprache. Das würde heißen, bis zur Pubertät müssten Kinder eine zweite Sprache nicht erlernen, sie könnten sie intuitiv erwerben. Lennebergs Aussage wurde lange Zeit von zahlreichen Fachleuten übernommen und war (und ist auch heute noch) Hauptargument der Befürworter des frühen, «natürlichen» Fremdsprachenlernens.

Die Annahme, dass die Fertigkeit des Spracherwerbs ausschließlich biologisch determiniert ist, war jedoch von Anfang an umstritten. Die Fälle von «wilden» Kindern widersprechen der Idee des Zeitfensters, das sich mit 12 Jahren unwiderruflich schließt. In einem vorhergehenden Kapitel haben wir gesehen, dass das kalifornische Mädchen Genie mit 13 Jahren angefangen hat, Sprechen zu lernen. Sie lernte zwar extrem langsam, auch kam sie über das Niveau eines zwei- bis dreijährigen Kindes nicht hinaus. Ihr Fall ist aber ein Beweis dafür, dass Erstspracherwerb auch nach der Pubertät zumindest noch möglich ist. Abgesehen davon, dass die Fälle von wilden Kindern zu selten sind, als dass man daraus generalisierbare Regeln ableiten könnte, lässt sich auch nicht übersehen, dass möglicherweise die schlechte Behandlung dieser Kinder über Jahre hinweg ihre kognitive und emotionale Entwicklung stark beeinträchtigt hat. Jedenfalls wird heute die Hypothese einer «kritischen Periode», also eines Zeitfensters, das sich schließt, ernsthaft in Frage gestellt. Einig ist man sich hingegen darüber, dass es eine «besonders günstige» Zeitspanne gibt, während der der Spracherwerb er-

Hartnäckige Vorurteile 51

leichtert ist, ohne dass es sich dabei gleich um ein begrenztes Zeitfenster handelt, das jedes spätere Lernen unmöglich oder extrem schwierig macht. Zahlreiche Studien belegen, dass es unmöglich ist, hier exakte Zeitgrenzen zu ziehen. Eine umfangreiche amerikanische Untersuchung[40] hat die englischen Sprachkenntnisse von mexikanischen und chinesischen Immigranten je nach Ankunftsalter und Lebensalter beim Beginn des Zweitsprachenlernens verglichen. Die Forscher fanden kein abruptes Abklingen der Sprachlernkompetenz nach der Pubertät. Den einzigen Schluss, den E. Bialystok und K. Hakuta aus ihrer Studie ziehen konnten, war der, dass die Sprachkompetenz mit fortschreitendem Alter konstant abnimmt. «Je früher desto besser», lautet die Quintessenz ihrer Studie.

Eine andere Studie[41] versuchte herauszufinden, in welchem Alter eine Zweitsprache gelernt werden sollte, um ein muttersprachliches Niveau zu erreichen. Dazu hat E. Newport die grammatikalischen Fertigkeiten von amerikanischen Muttersprachlern mit denen von Anderssprachigen verglichen, die Englisch als Zweitsprache erlernt hatten. Die Versuchsgruppe umfasste Personen, die im Alter zwischen 3 und 39 Jahren angefangen hatten, Englisch zu lernen.

Während bei denjenigen, die vor ihrem siebten Lebensjahr damit angefangen hatten, Englisch zu lernen, kein Unterschied zu den amerikanischen Muttersprachlern festzustellen war, entfielen die schlechtesten Ergebnisse auf jene Testpersonen, deren Englischerwerb nach dem 15. Geburtstag begonnen hatte. Aber bereits in der Altersgruppe der Acht- bis Fünfzehnjährigen verschlechterten sich die Sprachkompetenzen mit jedem weiteren Lebensjahr.

Alle Untersuchungen, die sich mit der Frage nach dem optimalen Alter zum Zweitspracherwerb beschäftigen, zeigen eines: Die Ergebnisse fallen unterschiedlich aus, je nachdem, welche Sprachfertigkeiten überprüft werden. Deshalb muss man heute davon ausgehen, dass es mehrere Entwicklungsstufen gibt, von denen jede besonders «günstig» ist, spezifische Sprachkompetenzen zu erwerben. Die verschiedenen Sprachkomponenten, wie die Phonologie, die Aussprache und Akzent bestimmt, die Grammatik oder der Wortschatz, werden auf verschiedenen Entwicklungsstufen besonders leicht erworben.

Eine erste Entwicklungsstufe ist zwischen fünf und sieben Jahren erreicht; in dieser Phase wird die Zweitsprache akzentfrei erworben. Wird mit dem Zweitspracherwerb hingegen nach dem siebten Lebensjahr begonnen, so lassen sich Interferenzen (phonologische «Störgeräusche») mit der Erstsprache nicht mehr verhindern, die zweite Sprache wird also mit Akzent gesprochen.

Bis zum Alter von sieben Jahren scheint auch der intuitive Spracherwerb vorzuherrschen. Vorausgesetzt, das Sprachangebot ist reichhaltig und vielseitig genug, entwickelt sich die Zweitsprache bis zu einem muttersprachlichen Niveau. Heute wird als Muttersprachler jede Person bezeichnet, die die betreffenden Sprachen (eine oder mehrere) vor der Vollendung des siebten Lebensjahres erworben hat.[42]

Ein französisches Forscherteam[43] geht sogar noch weiter. Mit der bereits mehrfach erwähnten funktionellen Magnetresonanztomographie (fMRT) haben Christophe Pallier und seine Kollegen gezeigt, dass die Fixierung der Neuronen auf die Erstsprache unter Umständen bis zum achten Lebensjahr veränderbar ist. Pallier hat die Hirnreaktion auf verschiedene Sprachen einer Gruppe von jungen Erwachsenen untersucht, die aus Korea stammten und im Alter von drei bis acht Jahren von französischen Eltern adoptiert worden waren. Ihre Gehirnaktivität wurde gemessen, während sie Sätze auf Französisch und in verschiedenen Fremdsprachen, darunter auch Koreanisch, anhörten. Die Ergebnisse wurden mit denen von französischen Muttersprachlern verglichen. Erstaunlicherweise zeigten die Gehirnströme der adoptierten Testpersonen beim Hören der koreanischen Sätze dieselbe Reaktion wie beim Hören der anderen Fremdsprachen und ähnelten darin den bei den französischen Muttersprachlern vorgenommenen Messungen. Beim Anhören der französischen Sätze dagegen reagierte das Gehirn der koreanischen Testpersonen genauso wie das der Muttersprachler! Für das Forscherteam ist dies ein Beweis, dass in außergewöhnlichen Situationen (was eine Adoption ja ist) Kinder bis zum Alter von acht Jahren in der Lage sind, ihre Muttersprache aufzugeben und durch eine neue zu ersetzen. Allerdings bleibt die Frage offen, ob eine höher entwickelte Technik in einigen Jahren nicht doch noch Spuren der ehemaligen Muttersprache sichtbar machen kann.

Ist mit sieben alles zu spät?

Die Annahme, dass die Spracherwerbsfähigkeiten nur innerhalb eines engen Zeitfensters aktiv seien, ist inzwischen Allgemeingut. Immer häufiger hört oder liest man, die außerordentliche Lernfähigkeit kleiner Kinder müsse so schnell wie möglich ausgenutzt werden. Ich habe allerdings den Eindruck, dass bislang dieser Glaube unter französischen Eltern stärker verbreitet war als unter deutschen. Das scheint sich aber gerade zu ändern und nun werden auch in Deutschland immer mehr Stimmen laut, die für ein frühkindliches (schon im Kindergarten) Lernen der Kinder plädieren. Insbesondere das Erlernen einer Zweitsprache sollte noch im Kindergartenalter begonnen werden, denn, so hat man gehört oder gelesen, wenn das «Zeitfenster» erst einmal geschlossen ist, hat mein Kind keine Chance mehr, gute Leistungen zu erbringen.

Die Ansichten darüber, wann denn nun der beste Zeitpunkt fürs Sprachenlernen sei, sind unterschiedlich und hängen in starker Weise davon ab, welche Vorstellungen von den kindlichen Fähigkeiten der jeweilige «Experte» hat. So rät zum Beispiel eine französische Logopädin: «Das ideale Alter für eine Zweitsprache ist mit vier, denn dann ist die erste Sprache genügend gefestigt und man riskiert keine ‹Vermischung› mit der Muttersprache.»[44] Andere bestehen darauf, das ideale Alter liege bei drei, wieder andere setzen es bei sechs Jahren an.

Das Dogma des sich schließenden «Zeitfensters» hat leider vor allem negative Auswirkungen. Einerseits ist es eine gute Ausrede für zahlreiche Erwachsene, die die Ursache dafür, dass ihre eigenen Fremdsprachenkenntnisse arg mittelmäßig sind, nun nicht mehr bei sich selbst oder ihren Lehrern suchen müssen, sondern sich auf biologische Argumente stützen können. Sprachlehrern wiederum dienen die gleichen Argumente dazu, die Mittelmäßigkeit ihrer spät lernenden Schüler zu erklären. Insbesondere aber ist festzustellen, dass die zu wichtig genommene Frage nach dem besten Zeitpunkt, nach dem «Wann», die weit relevantere Frage nach dem «Wie» außer Acht lässt.

Zwischen den Sprachen

«Ich bin in Russland geboren, in russischsprachiger Umgebung. Als ich klein war, brachte mir meine Schwester Gedichte von Puschkin und Lermontov bei. Mit vier Jahren sagte ich deren Gedichte auf, zum großen Vergnügen meiner Zuhörer. Als ich fünf war, zogen wir nach Polen, dann nach Deutschland. Zu dieser Zeit habe ich schon verstanden, dass Russisch der Vergangenheit angehörte, aber ich hatte keine andere Sprache. In Polen hatte ich es nicht für nötig befunden, Polnisch zu lernen. In Deutschland lernte ich Deutsch in der Schule. Aber ich wusste, dass wir Deutschland verlassen würden. Ich habe Deutsch gelernt, aber die Sprache schien mir nur eine Zwischenstation zu sein. Als ich acht war, sind wir in Haifa angekommen. Da habe ich mich sofort ins Hebräischlernen gestürzt. Ich habe instinktiv gemacht, was nötig war. Nach eineinhalb Jahren war mein Hebräisch stark und natürlich und Russisch war verschwunden. Ich verstand noch ein wenig, aber ich wollte und konnte es nicht mehr sprechen. Die russische Sprache war nicht nur verschwunden: ab dem Moment, wo ich ins Hebräische eindringen und schreiben wollte, wo ich den Willen zu schreiben hatte, ab dem Augenblick musste ich die russische Sprache abwürgen, sie abstellen, denn sie war ein Hindernis, meine Muttersprache war mir ein Hindernis. Russisch bedrohte meine Begabung zu schreiben. Ich wehrte mich mit aller Gewalt dagegen, ich habe sie ausgemerzt und ich blieb beim Hebräischen. Erst viel später stellte ich fest, dass doch etwas vom Russischen geblieben war. Es war der Rhythmus der Dichtung von Puschkin und Lermontov, der sich in meinen eigenen Gedichten wiederfindet. Ich brauchte lange, um zu bemerken, dass ich dieselbe Melodie hatte. Ich hatte sie nie gelernt, sie war einfach da.»

Meir Wieseltier, Dichter, Israel[45]

Hartnäckige Vorurteile

Zwei Sprachen – und welche Kultur?

«Die Grenzen meiner Sprache sind die Grenzen meiner Welt.»
Ludwig Wittgenstein

«Was die Zweisprachigkeit meines Sohnes (7) angeht, so bin ich jetzt beruhigter als vor einigen Jahren. Wenn ich sein Französischniveau ansehe, so habe ich beschlossen, ihm jetzt zu vertrauen, ich denke, das Grundwissen ist da. Für mich geht es nicht nur darum, eine Sprache zu sprechen, sondern auch zu wissen, woher man kommt, den Teil von sich selbst zu kennen, der kulturell verschieden ist von dem Land, in dem man lebt. Wenn mein Sohn Französisch beherrscht, bekommt er auch ein Bewusstsein seiner Identität, seiner Wurzeln … Französisch ist ein Teil seiner Selbst, wenigstens zu 50 Prozent, und das ist wichtig!»

Nur durch zwischenmenschliche Beziehungen bleibt eine Sprache lebendig. Ohne ihre soziale Funktion wird jede Sprache zu einem Lernobjekt, wie die «toten» Sprachen Latein oder Altgriechisch. Eine «lebende» Sprache formt, bereichert und verändert sich durch die Gepflogenheiten der Gesellschaft, der sie als Kommunikationsmittel dient. Natürlich kann man eine Sprache außerhalb ihres Wirkungskreises lernen, in Büchern, im Sprachlabor. Eine so erworbene, «fremde» Sprache eröffnet sich uns über das geschriebene Wort, in der Literatur, in den Medien. Ohne den Kontakt mit nativen Sprechern wird sie aber immer eine «fremde» Sprache bleiben, abgehoben von der lebendigen Wirklichkeit, die sich nur in zwischenmenschlichen Beziehungen erfahren lässt.

Sprache wird von der jeweiligen Kultur geprägt und ist gleichzeitig Träger derselben. Kultur ist, im anthropologischen Sinne verstanden, eine Gesamtheit von Einstellungen, Wertesystemen und Kenntnissen, die die Mitglieder einer Gemeinschaft, Organisation oder Gruppe teilen und weitergeben. Jeder Mensch ist Mitglied einer Gruppe, mit der er kulturelle Gepflogenheiten gemeinsam hat, wie «Begrüßen, Essen, Zeigen oder Verbergen von Emotionen,

Körperabstand zu anderen, Lieben oder Körperhygiene».[46] Nicht zu vergessen die Sprache, die die Mitglieder einer Gemeinschaft verbindet. Sprache lebt von der sozialen Interaktion, sie bindet uns an andere. Indem man eine bestimmte Sprache spricht, nimmt man Bezug auf ein bestimmtes Weltbild, man schöpft im Bedeutungsfundus, mit dem eine Sprachgemeinschaft die Welt erklärt.

Eine Fremdsprache, die Sprache der Anderen, zu erlernen, bedeutet auch, sich eine andere Weltsicht anzueignen. Wie schon Georg Christoph Lichtenberg, ein Zeitgenosse Voltaires, sagte: «Eine Sprache gut können bedeutet, das Volk gut zu kennen, das sie spricht.»

Sprache, ein Zugehörigkeitsgefühl

«Ich bin zweisprachig, Deutsch und Französisch. Ich erinnere mich, dass meine Mutter Deutsch mit mir sprach und mein Vater Französisch, es kam ganz natürlich. Ich finde, dass das nicht nur hilft, andere Sprachen leichter zu lernen, vor allem hat man ein besseres Ohr für den Akzent. Wenn man zwei Kulturen hat, wird man offener: indem man nicht wirklich der einen oder der anderen Kultur angehört, ist man weniger in einer Denkweise gefangen. In der Pubertät ist es zwar schwerer, als Zweisprachiger herauszufinden, wer man ist. Aber ich muss sagen, es lohnt sich.»

Unsere Sprache verbindet uns mit unseren Eltern, mit unserer Familiengeschichte, mit Kindheitserinnerungen; sie ist Teil unserer Persönlichkeit und das zentrale Element unserer kulturellen Identität.

Eine Sprache ist zumeist auch verbunden mit einer geographischen Einheit, einem Gebiet, einem Land, sie ist gebunden an eine politische Einheit, eine Nation, die sie symbolisch repräsentiert. Amerikanisches Englisch steht symbolhaft für die Vereinigten Staaten, und als solches für politischen Einflussreichtum und Wirtschaftsmacht. Macht flößt Respekt ein, die Sprache eines mächtigen Landes zu können ist erstrebenswert, denn durch die Beherrschung ihrer Sprache identifizieren wir uns mit der Macht der anderen.

Eine Sprache trägt aber auch die Spuren der Vergangenheit, sie kann bewundert oder verachtet werden, je nach dem vergangenen Geschehen, durch das sich ihre Sprecher ausgezeichnet haben. So hat die Geschichte Deutschlands in der ersten Hälfte des vergangenen Jahrhunderts bei französischen Schülern sicherlich dazu beigetragen, Deutsch als unliebsame Sprache zu verachten.

Durch den Spracherwerb wird das Kind Mitglied einer Gemeinschaft, durch die Sprache wächst es in ihre Kultur hinein. Beim Spracherwerb lernt es, sich mit den anderen Mitgliedern der Gemeinschaft zu verständigen, aber wie man sich verständigt, wird von der Kultur bestimmt. So sind etwa Begrüßungsrituale und Grußformeln stark von der Kultur der jeweiligen Gemeinschaft abhängig. Jeder, der schon einmal in Frankreich war, weiß, wie sehr sich die dortigen Begrüßungsrituale von den deutschen unterscheiden. Als ich vor 30 Jahren aus dem «kühlen» Deutschland, wo man jede körperliche Annäherung als plumpe Anbiederung verstand, nach Frankreich kam, war mir der Wangenkuss bei der Begrüßung sehr unangenehm. Auch heute noch berichten Zeitungsartikel darüber, dass Angela Merkel auf den sehr «französischen» Stil des neuen französischen Präsidenten Sarkozy mit Befremden reagiert!

Es gibt kulturelle Unterschiede, die man nicht im Sprachunterricht lernen kann. Wohl weiß jeder, dass man sich in Frankreich mit «*bonjour*» begrüßt, aber wer hat darüber hinaus gehört, dass man dabei zu unterscheiden hat zwischen Menschen, die sich schon kennen, und solchen, die man zum ersten Mal trifft. Auch begrüßt man einen Mann oder eine Frau, einen Vorgesetzten oder einen Kollegen nicht auf die gleiche Weise. Im Französischunterricht zu lernen, die französische Begrüßungsformel gehe mit «*la bise*» (Küsschen rechts und links) einher, ist ebenso unvollständig, wie zu sagen, in Frankreich begrüße man sich mit «*bonjour*». Die Begrüßung «*à la française*» ist eine komplexe Stilfrage, die «Zugewanderten» wie mir auch nach dreißig Jahren noch zu schaffen macht!

Nur wenn man die Sprache der Anderen spricht *und* ihre Gepflogenheiten übernimmt, wird man als einer von ihnen anerkannt – falls unser Akzent uns nicht doch als «unvollkommene» Mitglieder verrät!

Die «bilinguale» Kultur

«Ich bin unfähig zu sagen, ob ich Deutsche oder Französin bin. Grob gesagt, fühle ich mich als Deutsche in Frankreich und als Französin in Deutschland. Aber gleichzeitig fühle ich mich in Frankreich und in Deutschland gleichermaßen zu Hause. Das ist kein Problem für mich ... außer bei der Fußballweltmeisterschaft! Das ist alles ziemlich vage und schwer zu beschreiben.»

Bilingualismus ist nicht nur ein komplexes Sprachsystem, das man sprachwissenschaftlich analysieren kann, er ist nicht nur eine besondere Art des Gehirns, Netzwerke zu bilden, der man dank moderner Techniken auf die Spur kommt, Bilingualismus ist auch ein psychologischer Zustand, bei dem verschiedene Arten, die Welt zu benennen und sie emotional zu erfassen, in einem ganz persönlichen Kommunikationssystem zusammengefasst sind. Dass daraus manchmal Konflikte erwachsen, ist damit schon angedeutet.

Beim Erstspracherwerb eignet sich das Kind die kulturellen Gepflogenheiten der Gemeinschaft an, gleichzeitig mit der Sprache wächst es in deren Wertesystem hinein. Das zweisprachige Kind erwirbt nicht nur zwei Sprachen gleichzeitig, sondern es wird auch geprägt von der jeweiligen Art zu sprechen, sich zu benehmen, mit anderen umzugehen, sodass es sich unter Franzosen «wie ein Franzose» und unter Deutschen «wie ein Deutscher» verhalten wird.

So wie das Kind von Anfang an lernt, dass sich ein Objekt mit mehreren Wörtern benennen lässt, so lernt es auch, dass die Begrüßungsformeln oder die Anstandsregeln nicht allgemein gültig sind, es entdeckt früh die Relativität der Weltsicht. Die kulturellen Unterschiede sind für zweisprachige Kinder nicht immer sofort offensichtlich. Auch hier heißt es: «Aus Fehlern lernt man!» Genau das musste Thomas erfahren, als er mit seinen Eltern aus den USA zurück nach Frankreich kam. Bei seiner Rückkehr wurde er in die 1. Klasse eines Pariser «Collège» (entspricht der 5. Klasse Gymnasium) eingeschult. Aus der Schule in den USA war er an eine gewisse Bewegungsfreiheit gewöhnt. Eines Tages stand er mitten im Mathematikunterricht auf und verließ die Klasse, um auf die Toilette zu gehen. Der Lehrer war außer sich und Thomas musste zur Strafe eine Stunde nachsitzen. Thomas erlebte damit seinen ersten «Kulturschock», der nicht der letzte bleiben sollte. Und das, obwohl er die Sprache gut beherrschte!

Kulturelle Unterschiede sind immer situationsbezogen und lassen sich nur in einem sozialen Umfeld erfahren. Mutter oder Vater allein, in einer binationalen Familie etwa, können ihrem Kind nicht wirklich die kulturellen Gepflogenheiten ihres Herkunftslandes vermitteln, Kultur hat nur Sinn, wenn man von ihr umgeben ist, in sie eintauchen kann.

Kinder bilden sehr früh ein kulturelles Bewusstsein aus, wie folgendes Beispiel zeigt: Ein bekannter Kinderarzt in Paris hat aus Selbstschutz (um den zu nahen Kontakt mit Kranken zu vermeiden) eine ganz «unfranzösische» Begrüßungsart seiner kleinen Patienten eingeführt: Er empfängt jedes Kind mit Handschlag, obwohl man in Frankreich schon kleine Kinder lehrt, auch fremde Erwachsene mit Wangenkuss, rechts und links, zu begrüßen.

Eine kleine vierjährige Patientin beleidigte er damit aber, und sie ließ es ihn auch sofort wissen: sie schob die ausgestreckte Hand entrüstet zur Seite und verkündete: «Mädchen gibt man nicht die Hand, man gibt einen Kuss!»

Zwei Sprachen, drei Kulturen!

Babette ist Französin und mit einem Deutschen verheiratet. Das Paar lebt mit seiner sechsjährigen Tochter in London. Was Babette beunruhigt, sind nicht die drei Sprachen, mit denen die Kleine aufwächst, sondern ihre kulturelle Zugehörigkeit: «Ich habe Angst, dass Paula ohne eigene Kultur aufwächst. Sie spricht Französisch mit mir, dann dreht sie sich um und redet auf Deutsch mit ihrem Vater, und wenn ein Engländer in der Nähe ist, spricht sie Englisch mit ihm. Sprachlich hat sie keine Probleme, aber was mich beunruhigt ist, wie sie sich später fühlen wird, was sind ihre echten Wurzeln, ihre echte Kultur?»

Liliane ist ebenfalls Französin, und hat die gleichen Befürchtungen. Sie lebt mit ihrem Mann, einem Chilenen, in den Niederlanden. Ihre Kinder sind dort geboren, sie besuchen eine französische Schule und sprechen zu Hause französisch. Die Familie schickt sich an, für zwei Jahre nach Chile zu gehen. Liliane sieht ein Problem in der Tatsache, dass die Kinder mit der Sprache eines Landes aufwachsen, in dem sie nie gelebt haben: «Manchmal habe ich Angst um sie: wo werden sie sich später zu Hause fühlen, überall oder nirgends?»

Diese Frage beschäftigt unzählige gemischte oder im Ausland lebende Paare, vor allem, wenn sie selbst mit *einer* Sprache und Kultur aufgewachsen sind. Die Angst, nicht mehr sie selbst zu sein, in der Mehrheitskultur unterzugehen, drängt viele Auswanderer dazu, besonders stark an vergangenen Normen und Wertvorstellungen festzuhalten, von denen sie meinen, dass sie der Kultur in ihrem Herkunftsland entsprechen.

«Als ich in Deutschland lebte, hatte ich den Eindruck, ich müsste meine Herkunftssprache und -kultur wie meinen Augapfel hüten. Ich setzte alles dran, dass meine Tochter Französisch lernte und die französischen Gepflogenheiten wahrte, sonst hätte ich mich völlig entfremdet gefühlt», erklärt Eve bei ihrer Rückkehr nach Frankreich mit ihrer 18 Monate alten Tochter.

Und doch ist die vermeintliche Kultur des Herkunftslandes, die man mit aller Kraft verteidigt und an seine Kinder weitergibt, in Wirklichkeit schon längst nicht mehr die, die im Lande selbst gelebt wird; denn unmerklich wird jeder im Ausland Lebende von den Gepflogenheiten, Wertvorstellungen und Traditionen der Umgebung beeinflusst. Jeder, der im Kontakt mit einer «fremden» Kultur lebt, macht einen Anpassungsprozess mit, für den der Anthropologe Claude Levi Strauss[47] den Begriff des «Bastelns» geprägt hat: Jeder Mensch im Kontakt mit einer anderen Kultur «bastelt» sich seine eigene, neue Kultur, indem er einige Elemente seiner ursprünglichen aufgibt, dafür andere aus der neuen annimmt oder so umwandelt, dass sie in sein ganz persönliches Kultursystem passen.

Wenn Kinder im Gastland sozialisiert werden – in der Schule, im Kontakt mit Gleichaltrigen – so haben sie verstärkt Zugang zu den kulturellen Gepflogenheiten des Landes, in dem sie leben. Sie bilden ihre eigene kulturelle Identität aus, die sich sowohl von der der Eltern als auch der des Gastlandes unterscheidet. Ihre kulturelle

Identität ist das «gebastelte» Produkt aus zwei Kultursystemen, dem der Eltern und dem des Gastlandes. Sie sind die «third culture kids», wie sie D. C. Pollock[48] nennt, die «Kinder der dritten Kultur».

In binationalen Familien, wenn die Eltern verschiedenen Sprach- und Kulturgemeinschaften angehören, bilden die Kinder ihre kulturelle Identität mit den Elementen der elterlichen Kulturen. Lebt die Familie in einem dritten Land (also in einem für die Eltern fremden Land), so werden sie sich eine kulturelle Identität «zusammenbasteln», die das Produkt eines komplexen «Verhandelns» zwischen den Kulturen von Vater, Mutter und der des Gastlandes ist.

Die multikulturelle Identität

Die Antwort auf die Frage nach der «wirklichen» Kultur der Kinder mag für im Ausland lebende Eltern enttäuschend sein: ihre Kinder sind multikulturelle Persönlichkeiten! Als solche fühlen sie sich in mehreren Kulturgemeinschaften wohl, werden aber von den «Puristen» in jeder dieser Gemeinschaften nicht immer als «vollständig» zugehörig betrachtet. Das multikulturelle Individuum kann sich überall anpassen, wird aber in keine Kultur «richtig» hineinpassen, da dort die Grenzen zu eng gesetzt sind.

Eltern fällt es oft schwer, das Anderssein ihrer Kinder auf sprachlicher und kultureller Ebene zu akzeptieren. Wenn sie im Ausland leben, so wächst ihr Kind in einer Welt auf, die mit der eigenen nicht vergleichbar ist. Ihr Kind ist auf jeden Fall durch Schulbesuch und den Umgang mit Altersgenossen – ganz abgesehen von einer etwaigen doppelten Sprachkompetenz – viel enger mit dem Wertesystem und den Gewohnheiten der Umgebung verbunden.

Es ist interessant zu sehen, dass die Identifizierung mit zwei Kulturen auch dann noch besteht, wenn keine Zweisprachigkeit aufgebaut werden konnte. Manchmal besitzt die Zweitsprache lediglich Symbolwert. Verschiedene Studien in Frankreich haben gezeigt, dass zahlreiche Jugendliche mit Migrationshintergrund zur Sprache ihrer Eltern eine starke emotionale Beziehung haben, obwohl sie diese gar nicht sprechen. Trotzdem bezeichnen sie die Sprache ihrer

Eltern als ihre Muttersprache, die sie gerne «irgendwann einmal» lernen möchten.[49]

Ein Geschenk fürs Leben

«Ich beneide zweisprachige Menschen um dieses natürliche, wertvolle Erbe, denn sie haben mühelos zwei Sprachen mitbekommen. Sie haben zwei Enzyklopädien, zwei Radiosender im Kopf, zweimal so viel Wörter und Melodien. Ihr innerer Blick ist auf Neues gerichtet, auf das Unbekannte, er ist bereit für neue Sprachen, offen für neue Klänge. Es ist wunderbar, zwei Sprachen, zwei Kulturen im Doppelpack als Geschenk fürs Leben erhalten zu haben.»

Zweisprachige und bikulturelle Kinder befinden sich an der Schnittstelle zwischen zwei Sprach- und Kulturgemeinschaften: Sie sind für eine Mittlerrolle besonders geeignet, denn die Fähigkeit, sich zwei Gemeinschaften zugehörig zu fühlen, beeinflusst unweigerlich den Blick auf jede einzelne davon.

Zahlreiche Forschungsarbeiten haben sich mit der Haltung Zweisprachiger anderen Sprachgemeinschaften und Kulturen gegenüber beschäftigt. Es stellt sich heraus, dass zweisprachige Kinder die Angehörigen anderer Gemeinschaften weniger negativ beurteilen. In einer bahnbrechenden Studie hat ein kanadisches Forscherteam[50] die Haltung von einsprachigen und bilingualen Kindern der jeweiligen anderen Sprachgruppe gegenüber untersucht.

Dazu wurde derselbe Text von sechs zweisprachigen Erwachsenen jeweils auf Französisch und Englisch vorgelesen und auf Band aufgenommen. Die aufgenommenen Lesungen wurden einsprachigen und zweisprachigen Kindern (Englisch und Französisch) vorgespielt. Sie mussten die Stimmen nach bestimmten Kriterien beurteilten: Freundlichkeit, Intelligenz, Aussehen, usw. Die Kinder wussten nicht, dass sie zweimal dieselbe Person beurteilten, einmal während sie auf Französisch, das andere Mal während sie auf Englisch vorlas. Als Ergebnis stellte sich heraus, dass die zweisprachigen Kinder die beiden Sprachgemeinschaften als weniger divergierend beurteilten als ihre monolingualen Kameraden.

Ergebnisse dieser Art verleiten uns zu der Hoffnung, dass aus den mehrsprachigen Kindern von heute die toleranten und weltoffenen Erwachsenen von morgen werden!

Muttersprache: zweisprachig

«Ich bin in Frankreich geboren, mein Vater ist Engländer, meine Mutter Spanierin. Mein Vater hat nie mit mir Englisch geprochen, denn meine Eltern haben sich getrennt, als ich ein Jahr alt war. Meine Mutter sprach dagegen nur Spanisch mit mir, bis ich mit drei Jahren in die französische *école maternelle* (Vorschule) kam. Ab dem Moment weigerte ich mich, mit meiner Mutter Spanisch zu sprechen. Ich bin in Frankreich aufgewachsen und spreche seitdem nur Französisch mit meiner Mutter. Aber ich bin trotzdem noch zweisprachig, denn ich habe mein Spanischniveau durch ein Literaturstudium verbessert. Trotzdem fühle ich mich wohler im Französischen als im Spanischen. Ich frage mich wirklich, was denn nun meine Muttersprache ist!»

Die zunehmende Mobilität hat zur Folge, dass Sprachenkontakt ein immer häufigeres Phänomen wird. Ob aus wirtschaftlicher Not, aus persönlichen oder beruflichen Gründen, immer mehr Familien verlassen ihr Land, um vorübergehend oder dauerhaft im Ausland ansässig zu werden. Von den Kindern wird erwartet, dass sie sich möglichst problemlos dem Strom anpassen und sich rasch in die neue Umgebung, die neue Lebensart sowie die neue Sprache einleben. Je jünger ein Kind, desto leichter wird der Übergang zur neuen Sprache sein, sodass in kürzester Frist schon kein Unterschied mehr zwischen Erst- und kürzlich erworbener Zweitsprache festzustellen ist.

Die Frage nach der «Muttersprache» eines Kindes, das in einer mehrsprachigen Familie aufwächst, beschäftigt die monolinguale Umgebung ebenso wie viele Mehrsprachige selbst. Soll man die «Muttersprache» von der «Vatersprache» unterscheiden? Welches Gewicht haben beide, oder gar die früh erworbene Umgebungssprache, für das Zugehörigkeitsgefühl des Kindes? Kurz, wo sind denn nun seine Wurzeln?

Während in Deutschland nur 59 Prozent der Dreijährigen einen Kindergarten besuchen (laut Angaben des Statistischen Bundesamtes, 2003), gehen in Frankreich 98 Prozent derselben Altersklasse in die *école maternelle*. In den meisten Fällen ist die Schulsprache auch die Landessprache und die Sozialisierung findet zu einem beachtlichen Teil außerhalb der Familie statt. Die Umgebungssprache löst dann in vielen Fällen hinsichtlich Gewicht und Einflusskraft die Familiensprache(n) ab. In kürzester Zeit wird die Schulsprache zum dominanten Part in der Sprachentwicklung des Kindes. Die Kinderspiele, tausend kleine Ereignisse und damit verbundene Gefühle sind für immer an diese früh erfahrene zweite Sprache, oder besser zweite Erstsprache, gebunden. Wenn man früh eine starke emotionale Bindung an zwei oder mehr Sprachen aufgebaut hat, ist es später unmöglich, die Frage nach der «Muttersprache» zu beantworten. Felipe, Sohn spanischer Eltern, ist in Frankreich aufgewachsen: «Spanisch war meine erste Sprache, aber wohler fühle ich mich in Französisch, da bin ich ich selbst», erklärt er.

Die Frage nach der Muttersprache ist typisch für Monolinguale beim Versuch, mehrsprachige Menschen in Kategorien «einzusortieren» nach dem Motto: alle, die A sprechen, sind A, und alle, die B sprechen, sind B. Wenn nur die Bilingualen ihre Muttersprache eindeutig festlegen könnten, so könnte man sie besser einordnen!

Leider ist es für frühe Mehrsprachige unmöglich, ihre «Muttersprache» von den anderen Sprachen zu trennen. Der frühe Bilinguale hat eine feste emotionale Bindung mit all seinen Sprachen und für viele *ist* die Bilingualität ihre «Muttersprache»!

3. Zweisprachigkeit: Von der Geburt bis drei

«*Everyone dreams of being bilingual, but I would have never imagined that it would be this difficult!*»[51]

Simultane Zweisprachigkeit

Ein junges Paar beugt sich über das Baby in der Wiege, nennen wir es Alexander. Der Vater raunt ihm ins Ohr «na, mein Süßer», die Mutter wiederholt «mon petit lapin». Koseworte, wie man sie überall auf der Welt Babys zuflüstert, mit dem Unterschied, dass der kleine Alexander schon in der Wiege in zwei verschiedene Sprachen eingebettet ist.

So entsteht die natürlichste Zweisprachigkeit, der frühe simultane Bilingualismus. Bei gemischten Paaren wird von der Umgebung oft noch misstrauisch beobachtet, wie sie mit ihrem Neugeborenen in verschiedenen Sprachen sprechen; nicht selten versteckt sich dieses Misstrauen auch hinter übertriebener Bewunderung. Trotzdem entscheiden sich immer mehr Paare dazu, ihrem Kind zwei Sprachen mitzugeben, nicht ohne sich tausend Fragen zu stellen, wie das wohl am besten anzugehen sei. Die erste Frage, die es hier zu beantworten gilt, ist die der Lauterkenung und -produktion.

Hören und Sprechen

Wir haben gesehen, dass Babys bereits im Alter von nur wenigen Tagen fähig sind, Phoneme wie /p/ und /b/ zu unterscheiden und sogar Laute zu erkennen, die in ihrer Umgebung nicht existieren. Wir haben dann gesehen, dass sich das Ohr im Laufe der Monate auf die Laute der Muttersprache konzentriert und fremde Phoneme nicht mehr unterscheiden kann. Ein Säugling, der von Geburt an zwei Lautsystemen ausgesetzt ist, bewahrt folglich eine größere Wahrnehmungsfähigkeit, indem er eine größere Zahl von phonetischen Kontrasten unterscheiden kann als derjenige, der mit nur einem Lautsystem aufwächst. Das Baby, das täglich von Russisch, Französisch und Deutsch umgeben ist, kann mehr Töne erkennen und später auch hervorbringen als das monolinguale Baby.

Eine spanische Studie der Lauterkennung bei viermonatigen Babys, die täglich Spanisch und Katalanisch hören, hat gezeigt, dass sie in der Lage waren, beide Sprachen von anderen Lautsystemen unterscheiden zu können.[52] Die gleiche Studie hat noch eine andere Fähigkeit der zweisprachigen Babys aufgedeckt: sie sind neugierig auf ihnen unbekannte Sprachen wie etwa Italienisch oder Englisch und reagieren auf diese besonders schnell. Es scheint für Babys viel interessanter zu sein, eine noch nie genannte Sprache zu hören, als sich für zwei schon bekannte Lautsysteme zu begeistern!

Das erste Wörterbuch

Im Kapitel über Spracherwerb haben wir gesehen, dass es vier bis fünf Monate dauert, bis der erste Meilenstein, das Lexikon von ungefähr 50 Wörtern, erreicht ist. Wächst ein Kind mit zwei Sprachen auf, lautet eine wichtige Frage, wie sich sein mentales Lexikon zusammensetzt.

Eine Möglichkeit wäre, dass sich die gelernten 50 Wörter auf beide Sprachen verteilen, in welchem Fall ein Vergleich mit einem einsprachigen Kind zu seinen Ungunsten ausfallen würde. Eine andere Hypothese wäre, dass der Wortschatz stufenweise aufgebaut wird, erst in einer Sprache, dann in der anderen, in welchem Fall das bilinguale Kind gegenüber dem monolingualen chronisch «verspätet» wäre.

Wir haben gesehen, dass die frühen Spracherwerbsstufen von der Sprachstruktur der jeweiligen Sprachen abhängig sind. Deshalb kann das zweisprachig aufwachsende Kind nicht zur selben Zeit dieselben Wortkategorien in beiden Sprachen besitzen. Das jeder Sprache eigene Spracherwerbsschema – etwa das Vorherrschen von Substantiven im Englischen und von Verben im Französischen –

bestimmt die Zusammensetzung des ersten mentalen Wörterbuchs. In einer französisch-englischen Umgebung wird ein Kind sehr früh Ausdrücke wie *«tiens»* oder *«regarde»* (nimm, schau mal) verwenden, lange bevor ihm die englischen Entsprechungen dazu geläufig sind; im Englischen hingegen wird es mehr Gegenstände als im Französischen benennen können.

Dan Slobin,[53] ein renommierter amerikanischer Sprachforscher, hat in einer vergleichenden Studie die Sprachentwicklung von einsprachigen Kindern zwischen zwei und vier Jahren studiert, die entweder Englisch, Hebräisch, Deutsch oder Türkisch sprachen. Ziel war es, die Entwicklungsstadien in den verschiedenen Sprachen zu bestimmen. So haben zweijährige türkische Kinder bereits die 16 Deklinationsformen des Türkischen erlernt, denn diese sind regelmäßig und bestimmen den Sinn eines Satzes. Im Englischen gibt es keine Deklination; englischsprechende Kinder müssen sich, um einen Satz zu verstehen, auf die Satzstruktur stützen. Deshalb erreichen sie erst im Alter von dreieinhalb Jahren dieselbe Präzision im Satz-Verständnis wie die zweijährigen türkischen Kinder. Ein anderes Beispiel ist die Pluralbildung im Arabischen, die erst mit 12 Jahren vollständig erworben ist. Diese Beispiele zeigen uns einmal mehr, welche Vorsicht man bei der Beurteilung des Sprachstandes von zwei- oder mehrsprachigen Kindern walten lassen sollte, denn bei vermeintlichen «Sprachverzögerungen» kann es sich in Wirklichkeit um sprachspezifische, strukturell bedingte normale Entwicklungen handeln.

Vergleicht man das Vokabular von ein- und zweisprachigen Kindern miteinander, so fällt ein Unterschied sofort ins Auge: Das Lexikon zweisprachiger Kinder hat, auf die einzelnen Sprachen bezogen, einen geringeren Umfang als das des monolingualen Kindes. Zwar bauen alle Kinder ihr erstes mentales Wörterbuch von 50 Wörtern zwischen dem 18. und 24. Monat auf, aber das zweisprachige Lexikon ist, wie könnte es anders ein, mit Wörtern aus beiden Sprachen bestückt. Susan Quay, eine amerikanische Sprachwissenschaftlerin,[54] hat den Erstwortschatz ihrer kleinen Tochter Manuela analysiert, die mit Englisch und Spanisch aufwuchs. Mit 22 Monaten hatte Manuela einen aktiven Wortschatz von 300 Wörtern. Davon war die Hälfte Englisch, ein drittel Spanisch und der

Rest setzte sich aus zweideutigen Wörtern zusammen, deren Aussprache noch nicht korrekt war und die sich nicht einer einzigen Sprache zuordnen ließen. «Ba» zum Beispiel kann spanisch *balon* oder englisch *ball* bedeuten.

An Manuelas Beispiel sehen wir den grundlegenden Unterschied zwischen monolingualen und bilingualen Kindern; bei den letzteren wächst der Wortschatz in beiden Sprachen ungleichmäßig.

Der schnelle Entwicklungsspurt, der nach dem Erreichen des ersten Meilensteins von 50 Wörtern beginnt, findet auch beim bilingualen Spracherwerb statt, nur ist der Rhythmus in jeder der beiden Sprachen unterschiedlich. Bei den meisten Kindern lässt sich eine Pendelbewegung feststellen: solange das Kind einen lexikalischen «Schub» in einer Sprache macht, scheint in der anderen Sprache Entwicklungsstopp zu herrschen. Manche Eltern haben sogar den Eindruck, dass ihr Kind in dieser Sprache einen Rückschritt macht. Diese «Verspätung» lässt sich zwar zu einem anderen Zeitpunkt wieder aufholen, meistens sind aber nicht beide Lexika gleichermaßen bestückt und der Wortschatz ist in einer von beiden Sprachen reicher. Sobald aber die Umstände – eine Reise, der Besuch einer Tante usw. – es zulassen, dreht sich die Tendenz um, und der Entwicklungsspurt der ersten Sprache wird in der zweiten aufgeholt. Wir werden später noch auf die Rolle der Umgebung bei der Sprachentwicklung genauer eingehen.

Bewertung der Sprachkompetenz

Will man die sprachlichen Kompetenzen von bilingualen Kindern untersuchen, so muss man leider feststellen, dass es kaum Testmaterial gibt, das den spezifischen Sprachkompetenzen gerecht wird. Heute übliche Sprachtests wurden ursprünglich für einsprachige Kinder entwickelt. Solange es keine entsprechenden Diagnostikmethoden gibt, muss man sich damit begnügen, getrennte Spracherhebungen bei bilingualen Kindern durchzuführen. So hat man herausgefunden, dass alle Kinder zwischen 8 und 30 Monaten, unabhängig davon, ob sie mit einer oder mehr Sprachen umgeben sind, die gleichen Entwicklungsstufen im selben Rhythmus durchlaufen.

Das ist allerdings auch die einzige Gemeinsamkeit, die man bei der monolingualen und bilingualen Entwicklung feststellen kann.

Wenden wir uns noch einmal Manuela zu, die mit 22 Monaten 300 Wörter, auf zwei Sprachen verteilt, benutzt. Ein Test ihrer englischen Sprachfertigkeiten würde unter der Norm eines ausschließlich englischsprachigen Kindes liegen. Es leuchtet ein, dass ein solches Testergebnis Manuelas tatsächlichen Sprachfertigkeiten nicht gerecht wird, ganz zu schweigen von ihrer Kommunikationsfähigkeit, die auf jeden Fall größer ist als die monolingualer Kinder. Vergleicht man allerdings im Rahmen der heute üblichen Sprachtests die Ergebnisse bilingual aufwachsender Kinder mit denen monolingualer, so muss man tatsächlich Defizite in jeder der beiden Sprachen feststellen. Das bei Vierjährigen vorhandene Sprachdefizit in der Zweitsprache allerdings als «Sprachstörung» zu bezeichnen, wie das bei einer Untersuchung zum Sprachstand von Vorschulkindern in einem deutschen Bundesland geschah,[55] zeugt von der Unkenntnis doppelter Sprachentwicklung. Die «Sprachstörung», die in der Untersuchung bei 51,2 Prozent aller Kinder mit Deutsch im Zweitspracherwerb ermittelt wurde, ist nichts anderes als eine verzögerte Sprachentwicklung in Deutsch bei Kindern mit einer anderen, starken Familiensprache.

In Frankreich, wo Dreijährige praktisch ausnahmslos die *école maternelle* besuchen, kann ein sogenanntes Sprachdefizit schon früh festgestellt werden. Manche Kinder beginnen ihre Schülerlaufbahn (in der französischen Vorschule spricht man von «Schülern») sogar noch früher, da in manchen Gegenden bereits zweijährige Kinder eingeschult werden. Deborah, eine in Frankreich lebende Britin, steht heute noch unter dem Schock der Empfehlung der Lehrerin ihrer kleinen Tochter. Als die Kleine mit zweieinhalb Jahren in die Vorschule kam, wurde Deborah nach wenigen Wochen zur Lehrerin bestellt. Das Vokabular ihrer Tochter sei ungenügend, hieß es, und große Schwierigkeiten in der Schule seien schon jetzt vorhersehbar, es sei denn, Deborah spreche ab sofort nur noch Französisch mit ihrer Tochter!

Natürlich wäre der Lehrerin diese Fehleinschätzung nicht unterlaufen, wenn sie sich bei Deborah nach den Sprachfertigkeiten ihrer Tochter in ihrer zweiten, «starken» Sprache erkundigt hätte! Das

Simultane Zweisprachigkeit

hätte der ganzen Familie Ärger und Schuldgefühle erspart, denn wer will schon für den schulischen Misserfolg seines Kindes verantwortlich sein. Die Empfehlung, um nicht zu sagen den dringenden Rat, zu Hause die Landessprache mit ihrem Kind zu sprechen, bekommen in Frankreich lebende Eltern sehr häufig zu hören, sei ihre Familiensprache nun Polnisch, Arabisch oder Deutsch. In Deutschland, wo Kinder relativ spät (und nicht immer) einen Kindergarten besuchen, verlagert sich das Problem der Sprachdiagnostik auf ältere Kinder, aber auch hier wird Zuwandererfamilien geraten, mit ihren Kindern zu Hause Deutsch zu sprechen.

Sprachkontakt ja, aber wie?

Die Frage, ob und wie das sprachliche Niveau der Eltern die Sprachentwicklung der Kinder beeinflusst, ist besonders im mehrsprachigen Bereich von Bedeutung. Meistens ist im Kindesalter eine der Sprachen dominant, was daher kommt, dass ein Elternteil sich intensiver um die Tochter oder den Sohn kümmert. Wie intensiv aber sollte das Sprachangebot in der zweiten Sprache sein, damit ein Kind beginnt, aus freien Stücken diese zweite Sprache zu sprechen?

Dass in den ersten Jahren die Quantität an Sprache, die dem Kind angeboten wird, mit der Ausdrucksfähigkeit in engem Zusammenhang steht, hat ein amerikanisches Team[56] in mehreren Untersuchungen des Spracherwerbs von Kindern im Alter zwischen 8 und 30 Monaten aus spanisch-amerikanischen Familien gezeigt. Der Wortschatz der Kinder, die weniger Englisch als Spanisch hörten, war in dieser Sprache beschränkt. D. Pearson und ihre Kollegen haben Kinder getestet, die beide Sprachen in einem unterschiedlichen quantitativen Verhältnis mitbekamen: von 20 : 80 bis hin zu 60 : 40. Natürlich ist die Zeit, die Eltern täglich mit ihrem Kind verbringen, unregelmäßig auf beide Partner verteilt. 20 Prozent Sprachangebot in einer Sprache entspricht etwa der Situation, dass ein Vater abends spät von der Arbeit kommt und nur wenig Zeit in direktem Kontakt mit seinem Kind verbringt. Natürlich lässt sich der Sprachinput nur schwer exakt beziffern, es handelt sich also um ungefähre

Angaben. In den Studien stellte sich heraus, dass Kinder, die lediglich etwa 20 Prozent ihrer Zeit der zweiten Sprache ausgesetzt waren, diese in Spielsituationen nicht spontan benutzten, sie wurden deshalb von den Forschern auch nicht als zweisprachig eingestuft. Im Laufe der Sprachentwicklung, und darüber hinaus, wird es allerdings immer wieder Situationen geben, in denen die «Verspätung» in einer Sprache aufgeholt werden kann.

Zweisprachigkeit fördern

«Ich kann mich nicht erinnern, welche Sprache mein Sohn (6 J.) zuerst gesprochen hat. Ich habe den Eindruck, dass er von Anfang an Wörter aus beiden Sprachen verwendet hat, je nach Gesprächspartner, ohne jemals zu mischen. Was sein Vokabular betrifft, so sind wir sehr bemüht, dass er jedes gelernte Wort auch sofort in der zweiten Sprache kennt, um so gut wie möglich das Gleichgewicht zwischen beiden Sprachen zu halten. Das ist zwar nicht immer einfach, aber es funktioniert ganz gut. Ich finde, dass er ein ziemlich reiches Vokabular in beiden Sprachen hat, obwohl er einige Fehler macht – wie jedes sechsjährige Kind!»

Die oben genannten Studien zeigen, dass in den ersten drei Jahren die Menge an konkreten Sprechgelegenheiten die Sprechfähigkeit in den angebotenen Sprachen bestimmt. Natürlich wird ein Kind, das die meiste Zeit mit der einen Sprache umgeht und täglich nur kurze Zeit mit der Zweitsprache in Kontakt ist, sprechen lernen. Wie wir wissen, sind nur wenige Stunden pro Woche nötig, damit die Spracherwerbsfähigkeit in Gang kommt. Die Sprechfähigkeit in zwei Sprachen, die Zweisprachigkeit also, kann sich aber nur entwickeln, wenn genügend Sprechgelegenheiten in beiden Sprachen vorhanden sind. Man muss also darauf achten, dass das Kind regelmäßig genügend Gelegenheit hat, beide Sprachen zu hören und zu verwenden; auch sollte das Sprachangebot auf das Kind bezogen und variiert sein. Es genügt nicht, ihm Fernsehsendungen in der Zweitsprache vorzusetzen, wenn man nicht gleichzeitig versucht, seine Sprechlust anzuregen, indem man nachher oder während der Sendung mit ihm darüber spricht. Sprachförderung heißt immer, *mit* dem Kind sprechen. Ohne diesen regelmäßigen, angenehmen Sprachkontakt ist die Ausbildung von Zweisprachigkeit nicht gewährleistet.

> «Ich bin Britin und mit einem Deutschen verheiratet. Wir leben in England. Mein Mann spricht mit unseren drei Kindern (6, 4 und 2 J.) Deutsch. Die beiden Großen sprechen beide Sprachen sehr gut, aber seit sie in die englische Kita gehen, wird ihr Deutsch stockender und sie sprechen immer mehr Englisch. Deshalb haben mein Mann und ich beschlossen, bei gemeinsamen Essen nur noch Deutsch zu sprechen (deutsches Fähnchen auf dem Tisch), um die schwache Sprache zu stärken. Ich spreche auch Deutsch mit ihnen, um sie dazu zu bringen, wieder mehr Deutsch zu benutzen. Und es klappt! Deutsch hat wieder seinen Platz bei uns zu Hause.»

Eine erfolgreiche zweisprachige Erziehung – erfolgreich im Sinne der Fertigkeit, beide Sprachen regelmäßig und korrekt zu benutzen – ist harte Arbeit und verlangt von den Eltern und anderen Bezugspersonen einen aufmerksamen und sorgfältigen Umgang mit beiden Sprachen und mit Sprache überhaupt. Sein Kind zweisprachig in einem monolingualen Land zu erziehen, bedeutet oft, dass nur eine Bezugsperson, der «ausländische» Part in der Familie, die Minderheitssprache vermittelt. Zweisprachige Erziehung setzt auch voraus, dass jeder Elternteil genügend Zeit in das Unternehmen Zweisprachigkeit investieren kann.

Die wichtigsten Studien zur Sprachentwicklung bei bilingualen Kindern sind von Sprachforschern durchgeführt worden, die ein besonderes Interesse an einer gelungenen Zweisprachigkeit ihrer Kinder haben und deshalb wahrscheinlich besonders viel Sorgfalt und Zeit in die Interaktionen mit ihren Kindern investiert haben. Zweisprachige Erziehung ist immer eine Herausforderung für die Eltern, insbesondere für den «fremdsprachlichen» Teil; denn so manches Mal muss der eigene Stundenplan dem Ziel der Zweisprachigkeit untergeordnet werden, wenn man erreichen will, dass das Kind eines Tages in der Lage ist, sich mit dem Vater oder der Mutter in der «schwachen» Sprache zu unterhalten.

In zahlreichen Familien sind die Gegebenheiten nicht günstig genug, um eine «balancierte» Zweisprachigkeit zu erreichen. Man sollte auch beachten, dass sie in jenen Familien besser gelingt, in denen der Partner die schwache Sprache selbst lernt, sie für wichtig hält oder sie sogar mit seinem Kind spricht.[57] Natürlich ist es für einen deutschen Partner leichter, Spanisch oder Französisch zu lernen, als eine afrikanische Sprache wie Bambara oder Wolof. In gemischten Familien wird das Gelingen der zweisprachigen Erziehung oft vom Prestige der betreffenden Sprache in der Mehrheitsgesellschaft beeinflusst.[58]

Meist haben die Eltern einfach nicht die Zeit, die nötig wäre, damit die zweite Sprache sich besser entwickelt. Dann ist jede Hilfe von außen willkommen, in Form des Besuchs einer Tante oder von Ferien bei den Großeltern. Bei diesen Gelegenheiten kann der Wortschatz in der weniger entwickelten Sprache einen beeindruckenden Sprung machen, der mit dem «Sprachspurt» in der frühen Spracherwerbsphase der ersten Sprache gleichzusetzen ist.

Zu guter Letzt und trotz aller Notwendigkeit einer Sprachförderung in beiden Sprachen sollte man nicht vergessen, dass Sprache nur *ein* Element der frühkindlichen Entwicklung ist, das man nicht isoliert betrachten sollte. Der Spracherwerbsprozess kann aus sehr verschiedenen Gründen verlangsamt oder gehemmt sein. Neben Anomalien des Gehörs oder des Artikulationstrakts können zahlreiche andere Faktoren, auf kognitiver oder psychologischer Ebene, eine Rolle spielen.

Unternehmen Zweisprachigkeit

Das Kind als Bauherr

Der zweijährige Benjamin hört Französisch von seinem Vater und Spanisch von seiner Mutter. Er besucht dreimal pro Woche eine Spielgruppe mit einer französischen Erzieherin. Benjamin versteht beide Sprachen sehr gut, aber mischt sie so stark, dass die Erzieherin ihn nicht versteht. «Man muss schon zweisprachig sein, um ihn zu verstehen!», bestätigt seine Mutter.

Die meisten Eltern zweisprachiger Kinder kennen, wie Benjamins Mutter, «Wortkreationen» und «gemischte» Sätze: Für die zweijährige Juliette, amerikanisch-französisch, ist ein Keks ein «gaki» (aus *gâ*teau und coo*kie*) und eine saure Gurke ein «pinichon» (aus engl. *pi*ckle und frz. cor*nichon*).[59] Stacey, englische Mutter und russischer Vater, 18 Monate alt, hat einen Kompromiss zwischen butter*fly* (Schmetterling) und *baba*chka gefunden: der Schmetterling wird zum «*babafly*». Andere Eltern kennen auch Wortzusammensetzungen (Komposita) wie «lune-moon» für Mond, «bitte-please» oder «papa-daddy».[60]

Es gibt Kinder, die ausnahmslos ein Wort in beiden Sprachen benützen, auch wenn sie den entsprechenden Begriff in der zweiten Sprache kennen. Für sie ist von Anfang an ein Objekt fest mit einem Begriff verbunden, so wie bei der zweijährigen Anna: «Anna will chaise» (Anna möchte Stuhl) – die Mutter: «Ah, du willst auf den Stuhl?» – Anna: «Ja, chaise» (ja, Stuhl).

Bedeutet das Mischen nun wirklich, dass die Kinder beide Sprachsysteme nicht auseinanderhalten können, also mit dem doppelten Sprachangebot nicht klarkommen? Dazu muss man sich den Mechanismus vor Augen führen, der bestimmt, wie die einzelnen Wörter oder Satzstrukturen der jeweiligen Sprache zugeordnet werden.

In den 1970er Jahren haben zwei Sprachforscher[61] die These verteidigt, dass zweisprachige Kinder bei der Sprachentwicklung mehrere Stadien durchlaufen. Vor dem Alter von zwei Jahren seien sie unfähig, zwei Sprachsysteme auseinanderzuhalten, das gesamte Sprachangebot werde zu einem einzigen System vermischt, was unkontrollierte gemischte Sprachäußerungen zur Folge habe. Ein Beispiel für diese Phase ist etwa Annas hartnäckiges Festhalten an «chaise», obwohl ihre Mutter ihr das deutsche Wort vorsagt. Die Sprachentwicklung ihrer beiden Kinder, die Deutsch und Italienisch erzogen wurden, bestätigte die Hypothese des Forscherehepaars Victor Volterra und Traute Taeschner. Sie stellten nämlich fest, dass ihre Kinder im Alter von zwei Jahren begannen, beide Lexika zu trennen. Anna, um bei ihr zu bleiben, würde also ab diesem Zeitpunkt «chaise» zu ihrem französischen Vater sagen und «Stuhl» zu ihrer deutschen Mutter. Erst mit drei Jahren, so Volterra und

Taeschner, seien zweisprachige Kinder imstande, die beiden Sprachsysteme auch im Bereich der Grammatik zu unterscheiden; jetzt erst könnten sie bewusst beide Sprachsysteme auseinanderhalten.

Die Interpretation des Sprachmischens als ein anfänglicher «Sprachbrei», der erst allmählich sortiert wird, ist über 20 Jahre lang in zahlreiche Sprachstudien übernommen worden und hat leider dazu beigetragen, dass man auch heute noch Zweisprachigkeit mit Verworrenheit in Verbindung bringt. Die Vorstellung, dass Zweisprachigkeit Verwirrung stiftet, hat hier ihre wissenschaftliche Untermauerung gefunden.

In den letzten Jahren hat die Sprachforschung jedoch endgültig die überkommene Vorstellung von Entwicklungsstadien ad acta gelegt und aufgezeigt, dass zweisprachig aufwachsende Kinder schon früh sehr wohl zwischen beiden Sprachsystemen zu unterscheiden wissen. Ein Beleg dafür ist die Tatsache, dass viele Kinder von Anfang an zwei Wörter für einen Gegenstand benutzen. Es gibt inzwischen zahlreiche Sprachstudien, die zeigen können, dass Kinder bereits im Alter von 18 Monaten, manche sogar noch früher, für denselben Gegenstand den entsprechenden Begriff in beiden Sprachen beherrschen, so wie Max, französisch-portugiesisch, der in Brasilien lebt. Wie sein Vater berichtet, sagt er systematisch «siteplait» («s'il te plaît» = bitte) und «merci» (danke) zu seinem Vater und «por favor» und «obrigado» zu den anderen Familienmitgliedern, die portugiesisch sprechen.

Ursula Lanvers, eine in England lebende deutsche Sprachwissenschaftlerin, beobachtete ihren kleinen Sohn, der mit Deutsch und Englisch aufwächst. Schon mit 14 Monaten sagte er «no/nein», mit 16 Monaten kam «shut/zu» dazu und mit 17 Monaten unterschied er auch noch zwischen «please/bitte».[62] Diese und ähnliche Beispiele bestätigen die Tatsache, dass Kindern sehr früh bewusst ist, dass sie mit verschiedenen Personen verschiedene Wörter für denselben Sachverhalt gebrauchen müssen.

Allerdings, wenn man bei früher Zweisprachigkeit auch nicht mehr von Sprachverwirrung spricht – Sprachmischungen gibt es doch! Diese werden aber heute anders interpretiert. Bei näherer Analyse stellt man nämlich fest, dass das sogenannte «Mischen» keineswegs willkürlich passiert, sondern immer eine Funktion erfüllt, die je nach Alter verschiedenen Zwecken dient.

Wie werden die Sprachen «aufgeräumt»?

Die einfachste Erklärung für Sprachmischungen ist, dass eine der beiden Sprachen regelmäßig die stärkere ist. In den ersten Monaten und Jahren erwirbt ein Kind in routinemäßig ablaufenden Vorgängen wie beim Baden, Essen oder Spielen neue Wörter und Begriffe. Wenn diese regelmäßigen Vorgänge immer mit derselben Person und in derselben Sprache stattfinden, so vermag das Kind den entsprechenden Wortschatz nicht in der zweiten Sprache zu erwerben.

Das regelmäßige «Sprachbad», dem ein Kind ausgesetzt ist, bestimmt auch, in welcher Sprache und in welchem Ausmaß der erste Wortschatz aufgebaut wird. Livia, 26 Monate, ist französischniederländisch und lebt mit ihren Eltern in London. Wenn sie das richtige Wort in einer Sprache nicht findet, behilft sie sich mit der anderen: «Fermer *deur* sinon *kou*» (Türe zumachen, sonst kalt), sagt sie zu ihrem französischen Vater.[63]

90 Prozent der ersten Mischungen bei den unter Zweijährigen sind Lückenfüller, das heißt, sie gleichen lexikalische Lücken mit einem Wort aus der weiter entwickelten Sprache aus – eine pragmatische Entscheidung zugunsten der Kommunikation! Man darf nicht vergessen, dass Sprache, vor allem in den ersten Jahren des Erwerbs, dazu dient, mit einem Gesprächspartner zu interagieren: Sprache ist ein Kommunikationsmittel. In der Kommunikation mit einem Erwachsenen ist es dem Kind daran gelegen, verstanden zu werden, weshalb es sich immer erst für die Mitteilung interessieren wird und nicht für ihre Form. Um eine Reaktion bei seinem Gegenüber zu erreichen, behilft sich das bilinguale Kind mit einer dem anderen Sprachsystem entliehenen «Brücke»: So sagt Katharina, 3 Jahre und deutsch-französisch, zu ihrer großen Schwester: «Tu peux l'araignée *wegmachen*» (kannst du die Spinne wegmachen).

Um möglichst schnell ans Ziel der Verständigung zu kommen, ziehen manche Kinder Wörter mit einfacherer Aussprache vor. Die Spanierin Isabella lebt mit ihrem französischen Mann in den Vereinigten Staaten. Ihr Sohn im Alter von 23 Monaten geht in eine amerikanische Kindertagesstätte und macht große Fortschritte im Englischen, wie auch in den beiden anderen Sprachen. Sie hat festgestellt, dass ihr Sohn systematisch aus seinen drei Sprachen das Wort herauspickt, das am leichtesten auszusprechen ist: so verwendet er das französische «lait» (Milch), das spanische Wort «coche» (Auto) und das englische «go down» (hinuntergehen).

Derartige Sprachmischungen sind also alles andere als Ausdruck einer Verwirrung, sondern stellen eine zusätzliche Kommunikationsstrategie mehrsprachiger Kinder dar. Zahlreiche Studien belegen außerdem, dass schon kleine Kinder imstande sind, die Sprache ihrem Gesprächspartner anzupassen.

Die Sprache passt sich an

Die Sprachanpassung ist eine der Strategien, die wir anwenden, um mit unserem Gesprächspartner «auf eine Wellenlänge» zu gelangen. In jeder sprachlichen Interaktion kommt es auf allen Sprachebenen zur gegenseitigen Anpassung der Partner. Dies ist besonders offensichtlich, wenn Erwachsene mit einem Kind oder einem Ausländer sprechen, indem sie etwa ihren Redefluss verlangsamen oder besonders auf ihre Aussprache achten. Die gleiche Strategie für eine gelungene Kommunikation konnte man auch bei vierjährigen Kindern nachweisen, die sich an ein jüngeres Kind wenden: der Sprachfluss verlangsamte sich dann und die Sätze wurden kürzer.[64]

Auch zweisprachige Kinder sind der Sprachanpassung fähig: sie beobachten sehr genau, wie in ihrer Umgebung gesprochen wird und passen ihre Sprechweise daran an. Ein amerikanisches Forscherteam hat nachgewiesen, dass schon zweijährige Kinder aus zweisprachigen Familien die richtige Sprache wählen, wenn sie mit Personen außerhalb der Familie sprechen; in Gegenwart der Eltern und anderen zweisprachigen Familienmitgliedern bedienten sie sich einer Mischsprache, sobald aber eine ihnen fremde Person zu ihnen sprach, stellten sie sich sofort auf den einsprachigen Modus ein.[65]

Wir wissen heute, dass die Sprachgewohnheiten in mehrsprachigen Familien das Sprachverhalten der Kinder stark beeinflussen.

Wird in einer Familie häufig gemischt – bei weitem das häufigste Sprachverhalten in mehrsprachigen Gemeinschaften –, so tun es die Kinder eben auch. Ist die erste Spracherwerbsphase beendet, in der das Kind Wörter oder Satzstrukturen, die ihm in der schwachen Sprache fehlen, durch solche aus der weiter fortgeschrittenen Sprache ersetzt, dann «mischen» nur noch jene Kinder weiter, in deren Familien Mischsprache üblich ist.

Mischsprache

«Ich bin Deutsche, meine Eltern sind aus Portugal und mit ihnen spreche ich Deutsch und Portugiesisch. Mein Mann ist Engländer (er spricht Englisch und Deutsch), wir leben in Italien und haben einen 13 Monate alten Sohn. Ich spreche meistens Deutsch mit ihm, aber manchmal singe ich ihm auf Portugiesisch oder auf Englisch vor. Wenn wir mit der Familie oder mit Freunden zusammen sind, spreche ich, je nach Situation, Portugiesisch, Deutsch, Italienisch oder Englisch mit ihm.»

In der einsprachigen Gesprächssituation haben wir verschiedene Möglichkeiten zur Verfügung, um sicher zu sein, dass unsere Mitteilung beim Empfänger ankommt. Wir können entweder lauter sprechen, das Gesagte wiederholen oder umformulieren, aber wir können nicht die Sprache wechseln. Für zweisprachige Kinder ist die Tatsache, dass ihr Gegenüber sie nicht versteht, zuallererst auf die Sprachwahl zurückzuführen:

Katharina, deutsch-französisch, bittet ihren Vater: «Donne la voiture bleue» (Gib das blaue Auto) – Vater: «Comment?» (Was?) – Katharina: «Das blaue!» Hat der Vater dann immer noch nicht verstanden, wird Katharina das Gesagte wiederholen, lauter sprechen oder neu formulieren. Diese zusätzliche Möglichkeit, auf Unverständnis zu reagieren, ist natürlich nur mit zweisprachigen Gesprächspartnern gegeben, von denen das Kind weiß, dass sie beide Sprachen verstehen.

Hinzu kommt noch, dass Kinder das Nicht-Verstehen unterschiedlich behandeln, je nachdem, wie weit die eine oder andere Sprache entwickelt ist. In Gesprächssituationen, in denen der Gebrauch der weniger leicht aktivierbaren Sprache unumgänglich ist, müssen sie gezwungenermaßen die starke Sprache zu Hilfe nehmen, wenn sie sich nicht mit dem Scheitern der Verständigung abfinden wollen.

Catherines kleine Tochter versteht Deutsch und Französisch sehr gut, spricht aber hauptsächlich Französisch. Als sie drei war, nahm ihre Mutter sie mit in die Familie nach Deutschland, wo nur Deutsch gesprochen wird. Obwohl die Kleine merkte, dass niemand sie verstand, sprach sie beharrlich weiter Französisch. «Sie muss sich gedacht haben», so Catherine, «ich verstehe sie, also müssen sie mich doch auch verstehen!»

Babys sprechen Spanisch und Erwachsene sprechen Deutsch!

Helene ist Deutsche und lebt in Chile, ohne jeden Kontakt mit Deutschsprachigen. In den ersten Jahren verstand ihr Sohn Philipp Deutsch, ohne es jedoch zu sprechen. Als er vier Jahre alt war, verbrachte Helene vier Monate mit ihm in Deutschland, wo er regelmäßig in eine Spielgruppe ging: «Nach und nach verstand er Deutsch immer besser, aber weigerte sich, es zu sprechen. Am Ende des dritten Monats begann er plötzlich, Deutsch zu sprechen und weigerte sich nun strikt, Spanisch zu gebrauchen, und das sogar am Telefon mit seinem Vater, der in Chile geblieben war! Als ich ihn fragte, warum er nicht mehr Spanisch spricht, antwortete er mir: ‹Babys sprechen Spanisch und Große sprechen Deutsch!›»

Irgendwann kommt der Zeitpunkt, an dem jedes Kind sein Sprachverhalten an die Gesprächssituation anpasst, indem es entweder den bilingualen oder den monolingualen Modus benutzt.

In den ersten Jahren fiel es Eva, französisch-deutsch, jedes Mal sichtbar schwer, sich auf die monolinguale Sprachebene zu begeben, wenn sie bei der Familie in Frankreich zu Besuch war. Anfangs versuchte sie immer, sich auf Deutsch verständlich zu machen, aber sobald sie merkte, dass sie niemand verstand, gab sie die Unterhaltung lieber auf, als es auf Französisch zu versuchen. Der Wandel kam, als Eva drei wurde. «Es war, als fielen ihr Schuppen von den Augen», erzählt ihre Mutter, «plötzlich wurde ihr klar, dass die

Leute um sie herum nur Französisch verstanden! Seitdem hat sie nie mehr versucht, Deutsch mit ihnen zu sprechen, sondern sie bemühte sich redlich, Französisch zu sprechen. Wenn sie nicht verstanden wurde, fand sie eben Umschreibungen, bis es klappte.»

Sprachen gehören zu Personen

Das Bewusstsein davon, dass die Verständigung nicht klappt, wenn man die «falsche» Sprache verwendet, führt das zweisprachige Kind allmählich zu der Erkenntnis, dass die Personen in seiner unmittelbaren Umgebung verschiedene Sprachsysteme verwenden. Die Sprache ist im Ermessen des Kindes eine Besonderheit der Menschen wie ihre Hautfarbe oder eine Frisur. Deshalb beharren viele Kinder in der Unterscheidungsphase darauf, die Sprachen streng nach Personen oder auch Örtlichkeiten zu trennen. Genauso wie kleine Kinder entfremdet auf eine geänderte Haarfarbe oder Frisur ihrer Mutter reagieren, so entrüstet sind einige auch, wenn Mutter oder Vater plötzlich die Sprache wechseln.

Katharina (26 Monate), die kleine Deutsch-Französin, die wir schon kennen, wurde richtig wütend, wenn ein Familienmitglied die «falsche» Sprache verwendete. Eines Tages schaute sie ein Bilderbuch mit ihrer Mutter an, der Papa saß daneben. Die Mutter zeigte auf ein Bild und sagte auf Französisch: «Regarde, une petite fille!» (Schau, ein kleines Mädchen). Katharina wendete sich energisch an ihre Mutter: «Pas fille!» (Nicht Mädchen). Sie zeigte auf ihren Vater und sagte: «Du, fille» und dann auf ihre Mutter: «Du, Mädchen». Hätte ihre Mutter eine blaue Perücke aufgesetzt, wäre Katharinas Zorn wohl kaum größer gewesen!

Für die in Frankreich lebende, mit Deutsch und Französisch aufwachsende Anna war die Verteilung der Sprachen ganz klar. Als sie zwischen zwei und vier Jahre alt war, wechselte sie bei den zahlreichen Autofahrten nach Deutschland ostentativ die Sprache, sobald der Vater verkündete: «Die Grenze, wir sind in Deutschland!» oder «Wir sind wieder in Frankreich!»

Zweisprachig in Florida

«Daniel ist fünf Jahre, ich spreche Deutsch mit ihm und sein Vater Englisch, wir leben in Florida. Daniel wechselt von einer Sprache zur anderen je nach seinem Gegenüber, ohne sich jemals zu täuschen. Wir haben nie mit ihm darüber gesprochen, haben ihn nie darauf aufmerksam gemacht und auch nie animiert, in einer oder der anderen Sprache zu reden. Er hat von Anfang an, seit er die ersten Worte (in beiden Sprachen) erlernt hatte, spontan die richtige Sprache gesprochen. Das ergibt erstaunliche Situationen bei Tisch, wo er Englisch spricht (dann weiß ich, dass nicht ich gemeint bin, sondern sein Vater) und dann Deutsch (das gilt mir) ... Genauso macht er es mit seinen Freunden. Untereinander sprechen sie meistens Deutsch, aber wenn ein Kind dazu stößt, das nicht Deutsch kann, wechseln sie sofort ins Englische.»

Der Sprachwechsel zeigt, dass Kinder ein Bewusstsein des sozialen Kontextes haben, in dem der Sprechakt stattfindet. Beim Spracherwerb lernt man nicht nur, wie man etwas ausdrückt, sondern auch, wie man das Gelernte den verschiedenen Situationen entsprechend anwendet. Diese pragmatische Unterscheidung bringt dem Kind allmählich zum Bewusstsein, dass Wörter verschiedenen Sprachsystemen angehören, wie uns der folgende Monolog des 26 Monate alten Felipe (deutsch-spanisch) zeigt. Als er seiner Mutter beim Tischdecken hilft, ordnet er die verschiedenen Begriffe der jeweiligen Sprache der Eltern zu: «Papa – Mama: agua – Wasser; Papa – Mama: vino – Wein; Papa – Mama: plato – Teller.»[66]

Wenn die Phase der Mischsprache mit etwa drei Jahren nicht abgeschlossen ist, so deshalb, weil dieser Modus in der engsten Umgebung des Kindes akzeptiert und von den Erwachsenen vielleicht sogar praktiziert wird. Wenn alle Bezugspersonen beide Sprachen beherrschen, und außerdem eine der Familiensprachen auch die Landessprache ist, so sehen Kinder aus Bequemlichkeit keinen Grund, die gemischte Sprechweise aufzugeben. Jerome, vier Jahre, lebt in Spanien und ist zweisprachig: Deutsch und Spanisch. Obwohl seine Mutter mit ihm Deutsch spricht und er es sehr gut versteht, hat er beschlossen, immer mehr spanische Ausdrücke von seiner starken Sprache «auszuleihen». Die Mutter erzählt: «Eines Tages, aus Enttäuschung, dass er einfach nicht mehr Deutsch sprechen wollte, tat ich so, als würde ich ihn nicht verstehen. Er wiederholte den Satz, indem er lauter sprach, dann nochmal laut schreiend. Ich erklärte ihm ganz ruhig, dass ich nicht taub war, aber dass ich ihn einfach nicht verstand. Er überlegte einen Augenblick, dann sagte er ärgerlich: «*hay* Vögel *en el* Himmel» (es sind Vögel am Himmel). Als wollte er seiner Mutter zeigen, dass er ihre List sehr wohl durchschaut hatte, gab er ihr gnädig «Vögel» und «Himmel», die Satzstruktur behielt er aber auf Spanisch bei. Damit machte Jerome gleichzeitig deutlich, dass er nicht auf die plumpe Lüge hereingefallen war: er weiß, es ist unnötig, den ganzen Satz auf Deutsch zu sagen, denn seine Mutter versteht doch perfekt Spanisch!

Was ist Sprachwechsel?

«Ich bin in Argentinien geboren, meine Eltern sind Deutsche und ich habe meine Kindheit in Argentinien verbracht. Seit 20 Jahren lebe ich jetzt in Deutschland. Mit meinen Geschwistern spreche ich weiter Spanisch, aber wenn uns ein Wort nicht auf Spanisch einfällt, ersetzen wir es durch ein deutsches. Als ich mein erstes Kind erwartete, stellte ich mir die Frage, in welcher Sprache ich mit ihm sprechen sollte. Und da habe ich gemerkt, dass Deutsch-Spanisch, das heißt, der ständige Wechsel von einer Sprache zur anderen, für mich die natürlichste Sprechweise war!»

Unter Sprachwechsel versteht man den adressaten- bzw. situationsorientierten Wechsel der Sprache. In Elisas Familie, die in Deutschland lebt, sprechen alle Französisch, Deutsch und Englisch. Elisas Vater ist selbst zweisprachig mit Englisch und Deutsch aufgewachsen und dessen englischsprachige Mutter wohnt in der Nähe der Familie. Für Außenstehende hört es sich manchmal wie Kauderwelsch an, wenn sich alle zusammen unterhalten. Sätze wie «Mami, we want to aller in den Garten» (Mami, wir wollen in den Garten gehen) sind regelmäßig zu hören und niemand stört sich daran. Die Familie ist sich des besonderen Sprachstils wohl bewusst, was die

Kinder nicht daran hindert, mit Außenstehenden perfekt in einer Sprache zu sprechen.

Sprachwechsel, in der Fachsprache auch *code switching* genannt, ist ein häufiger Sprachstil in zweisprachigen Gemeinschaften, wie etwa an der Grenze zwischen Mexiko und den USA, oder in zahlreichen Familien in Wales, deren Sprache eine Mischung aus Englisch und Walisisch ist. Mehrere Studien des Sprachverhaltens in französischen Familien mit Migrationshintergrund haben erbracht, dass Sprachmischen der am meisten verwendete Sprachstil ist. In zweisprachigen Familien mit Französisch und einer afrikanischen Sprache mischen 80 Prozent der Eltern die Sprachen im Umgang mit ihren Kindern.[67] Allerdings könnte sich dieser Umstand auch dadurch erklären, dass es sich in diesen Familien nicht um einen bewusst gewählten Bilingualismus handelt (wie in binationalen Familien), sondern dass die Zweisprachigkeit den Familien durch die Migration der Eltern aufgezwungen ist.

Sprachwechsel ist dort eine geläufige Ausdrucksform, wo mehrsprachige Gesprächspartner die gleichen Sprachen beherrschen. Der Wechsel folgt bestimmten Regeln, ist also keineswegs willkürlich. Oft werden in eine Sprache Ausdrücke aus der Umgebungssprache integriert, vor allem wenn das Gespräch sich auf den umgebungssprachlichen Kontext bezieht und somit keine genaue Entsprechung in der anderen Sprache existiert. Wenn etwa zwei französische Mütter in Deutschland von der (deutschen) Schule ihrer Kinder sprechen, verweisen Ausdrücke wie Ganztagsschule, HSU oder G8 auf die deutsche Wirklichkeit und werden im französischen Gespräch unübersetzt auftauchen. Sollte dieselbe französische Mutter ein Ereignis aus der deutschen Schule einem Familienmitglied in Frankreich erzählen, so würde sie natürlich die Ausdrücke auf Französisch umschreiben.

Wenn Eltern eine «Mischsprache» benutzen, kann es vorkommen, dass sie von ihren Kindern zur Ordnung gerufen werden. Celia und ihr Mann sind russischer Abstammung und leben in England, wo ihr fünfjähriger Sohn die Vorschule besucht: «Wir sprechen Russisch miteinander, und da passiert es häufig, dass wir englische Wörter benutzen, wie «traffic» oder «deck». Unser Sohn dachte wohl, das wäre Russisch, und fragte jedes Mal, wie das Wort auf Englisch heiße! Das hat uns dazu gebracht, besser aufzupassen; wir vermeiden solche Mischungen jetzt.»

Sprachmischen – was tun?

Man weiß heute, dass Kinder, die ihre Sprachen stark mischen, diesen Sprachstil den Menschen in ihrer unmittelbaren Umgebung «abgeschaut» haben. Selbst die ersten Mischungen können eine Anpassung an das Sprachverhalten der Eltern sein. Viele Eltern sind dann verunsichert und fragen sich, ob sie nicht doch etwas unternehmen sollten, um ihrem Kind schneller zur «ungemischten» Sprache zu verhelfen. Eine Grundregel ist, dass man sein Kind auf keinen Fall verbessern sollte, indem man es auf sein Sprachverhalten aufmerksam macht, sondern man sollte ihm eher durch Neuformulieren ein einsprachiges Modell an die Hand geben. Sagt Anna, 28 Monate, etwa: «Veux essen» (Will essen), so kann der Vater antworten: «Ah, du möchtest essen? Hier ist ein Keks.»

Die sicherste Methode, jede Sprache einzeln zu fördern, ist der regelmäßige Umgang mit monolingualen Personen, die das Kind gern mag. Die Oma, ein Cousin, die zu Besuch kommen, können viel dazu beitragen, die schwache Sprache zu stärken und die beiden Sprachsysteme zu trennen.

Ein besonderer Stil

«Ich spreche eigentlich eher ‹Frantschechisch› mit meiner Tochter. Sie ist 28 Monate, mein Mann ist Franzose, ich bin Tschechin. Ich spreche zwar nicht sehr gut Französisch, aber wenn andere Leute in der Nähe sind, spreche ich oft Französisch mit meiner Tochter. Wenn mein Mann in der Nähe ist, mische ich meist Französisch und Tschechisch, sodass ich nicht übersetzen muss. Aber meine Tochter hat überhaupt kein Problem, sie springt von einer Sprache zur anderen je nach den Personen, mit denen sie spricht.»

4. Zweisprachigkeit: Von drei bis sechs

Eine neue Sprache mit drei Jahren

Stefanie ist mit Mann und Kindern nach England ausgewandert, als diese drei und vier Jahre alt waren: «Von heute auf morgen mussten sie sich mit Englisch auseinandersetzen. Es hat ungefähr ein Jahr gedauert, bis sie in der Sprache zu Hause waren. Anfangs gab es sehr viel Mischen, vor allem bei der Jüngeren; zu Hause sprechen wir nur Deutsch, außer wenn englische Freunde da sind. Heute, nach drei Jahren, sind beide Kinder vollkommen zweisprachig.»

Mit drei oder vier Jahren hat ein Kind sprachlich schon eine beachtliche Entwicklung hinter sich, seine kognitiven Fähigkeiten und seine Sprechfertigkeit sind, unter normalen Umständen, bereits stark fortgeschritten. Natürlich ist zu diesem Zeitpunkt der Spracherwerb bei weitem noch nicht abgeschlossen, aber alle Kinder wissen mit den verschiedenen Sprachfunktionen umzugehen: sie können bitten, erzählen, benennen, sie wissen, wie man Zorn, Freude oder Trauer ausdrückt. Wenn ein Kind erst mit drei, vier Jahren oder noch später einer zweiten Sprache (die in der Schule bzw. in der Umgebung gesprochen wird) ausgesetzt ist, dann stellt sich die Frage, ob und wie sich dieser Spracherwerb von dem der Erstsprache unterscheidet.

Tausende von Kindern in der Bundesrepublik lernen die Landessprache erst, nachdem sie eine (oder zwei) Erstsprache(n) in der Familie erworben haben. Haben sie bereits die ersten Jahre ihres Lebens in Deutschland verbracht, so ist ihnen der Klang der Sprache schon vertraut, denn sie war in Radio und Fernsehen, auf der Straße und beim Einkaufen präsent. Da sie die ersten Jahre von der Mutter oder einer anderen Person der Familie behütet wurden, gab es für sie keine Notwendigkeit, sich die Sprache «von draußen» anzueignen. Erst im Kindergarten oder später, beim Schuleintritt, müssen sie sich aktiv mit ihr auseinandersetzen. Kürzlich zugewanderte Kinder haben diesen Vorteil des Sprachbades nicht, sie betreten in Kindergarten oder Schule völlig unbekanntes Terrain. Wobei unter «Terrain» eher eine Mauer aus fremden Tönen zu verstehen ist, ein Lautbrei, in dem das Kind sich zurechtfinden muss, um nicht darin zu ersticken. Nicht umsonst spricht man im Fall der Einschulung in den Kindergarten oder die Schule, in der die Mehrheitssprache gesprochen wird, von Zweitspracherwerb durch «Submersion», durch «Überfluten». Wir kommen später darauf zurück.

Zwar ahnt der kleine Neuankömmling, dass sich hinter dieser virtuellen Mauer eine neue Welt auftut, mit neuen Freunden und neuen Sprachmelodien. Aber erst muss er den Schlüssel für diese neue Welt finden!

Welche Mittel stehen ihm dazu zur Verfügung? Da sind zuerst seine sozialen Fähigkeiten, seine Kontaktfreudigkeit, seine Neugier auf andere Kinder. Während die Erstsprache mit dem engen Familienkreis verbunden ist, ist die zweite die der Öffnung nach außen, der ersten Schritte in die Gesellschaft. Wie sich der Zweitspracherwerb entwickeln wird, hängt von der Interaktion mit den Kindern in Kindergarten oder Schule, mit den Erziehern oder Lehrern ab. Er wird sich zufriedenstellend entwickeln, wenn das Kind Lust hat, trotz der Sprachbarriere Kontakte mit neuen Menschen außerhalb der Familie aufzubauen, und wenn es diese Kontakte als erfreulich und angenehm erlebt. Um die Entwicklungsstufen der sukzessiven Zweitsprachentwicklung zu verstehen, müssen wir uns in erster Linie den sozialen Fähigkeiten der Kinder zuwenden.

Der Eintritt in den Kindergarten ist in mancher Hinsicht eine einschneidende Etappe im Leben eines Kindes: es verlässt die vertraute Umgebung der Familie und begibt sich an einen Ort, der ihm fremd ist und wo es sich erst einmal zurechtfinden muss. Das beginnt damit, dass es sich mit den Räumlichkeiten vertraut machen muss, die oft größer sind als von zu Hause gewohnt; dann sind da noch die vielen anderen Kinder und die Erwachsenen, an die es sich gewöhnen soll und mit denen es mehrere Stunden allein verbringen wird. Die Anpassung an die neue Umgebung wird ihm ein gehöriges Maß an Energie abverlangen. Um Stress bzw. Angst abzubauen, wird es verschiedene neue Strategien anwenden.

Nachdem der erste Schock überwunden ist, muss unser kleiner Neuankömmling sich darauf konzentrieren, sich einen Platz in der Gruppe zu erobern. Er lernt, in der Gruppe zu leben. Dieser Sozialisierungsprozess ist für alle Kinder gleich, die im Kindergarten die ersten Schritte außerhalb der Geborgenheit der Familie unternehmen, ob sie nun die Landessprache beherrschen oder nicht. Kinder aus anderssprachigen Familien haben eine Hürde mehr zu überspringen: sie müssen zusätzlich noch den neuen Code «knacken», sprich die neue Sprache lernen.

Bei all den Herausforderungen hat das zweisprachige Kindergartenkind, insofern es in Deutschland aufgewachsen ist, den monolingualen deutschen Kindern eines voraus: es weiß bereits, dass es verschiedene Sprachsysteme gibt, denn jedes Mal, wenn es seine Mutter zum Bäcker begleitet, hört es sehr wohl, dass «Brötchen» anders heißt als zu Hause. Möglicherweise besitzt es auch schon zwei Sprachsysteme, wenn seine Eltern in zwei verschiedenen Sprachen mit ihm sprechen – so wie etwa die dreijährige Julia, die mit ihrer französischen Mutter und ihrem spanischen Vater in Deutschland lebt. Ihre Mutter bestätigt, dass sie einen ausgedehnten Wortschatz in drei Sprachen besitzt: Sie weiß, dass Mama «*chaussure*», Papa «*zapatos*» und die Tagesmutter «Schuhe» sagt. Natürlich ist Julias Fall seltener als der von Kindern mit einer einzigen Familiensprache, die Deutsch als Zweitsprache in Kita oder Schule erwerben müssen. Aber keines von ihnen wird erstaunt sein, wenn es in der Gruppe die Sprache des Bäckers, des Radios oder des Fernsehers wieder trifft.

Kinder sind gute Strategen

Eine der wenigen Experten, die die sozialen Aspekte beim Zweitspracherwerb unterstreichen, ist die amerikanische Psycholinguistin Lily Wong Filmore.[68] Die wichtigste Aufgabe eines Kindes beim Kontakt mit einer neuen Sprache ist der Aufbau einer Beziehung zu seinen Gesprächspartnern. Ohne sich der «Andersheit» seiner Sprache bewusst zu sein, ist es vor allem danach bestrebt, von den anderen Kindern akzeptiert zu werden. Dabei kommt ihm sein

Alter zugute: Je jünger das Kind ist, desto mehr ist die Verständigung noch vom Kontext abhängig. Bei kleinen Kindern läuft sogar der Großteil der Verständigung über nonverbale Kanäle ab. Ein dreijähriges Kind wird deshalb sicher leichter als ein älteres akzeptieren, dass seine Spielkameraden nicht «wie seine Eltern» sprechen. Statt sich ausschließlich darüber Gedanken zu machen, dass ihr Kind die Sprache der Kita nicht kennt, sollten Eltern vor allem daran denken, dass es sich in einer fremden Umgebung zurechtfinden muss. Denn noch bevor es die neue Sprache erlernen kann, muss das Kind die soziale Fähigkeit des Wortwechsels («turn taking») erworben haben, es muss in der Lage sein, das Wort zu ergreifen und es wieder abzugeben, das heißt, es muss die Grundlagen der Konversation begriffen haben.

Der Bedeutung des «turn taking» für das Erlernen einer Zweitsprache ist in der Forschung relativ wenig Beachtung geschenkt worden.[69] Die Sprachforscherin Deborah Keller-Cohen hat drei Kinder im Alter zwischen vier und sechs Jahren – ein japanisches, ein finnisches und ein deutsch-schweizerisches – beobachtet, die Englisch in natürlicher Umgebung durch Interaktion mit englischsprachigen Erwachsenen lernten. Die Kinder sprachen die Erwachsenen an, indem sie entweder eine Frage stellten oder eine Interjektion («Schau mal!») benutzten. Im Lauf der Wochen vertrauten die Kinder immer mehr ihrem Sprachvermögen und ergriffen immer öfter die Initiative, um mit dem Englischsprecher in Kontakt zu treten, mit dem Ergebnis, dass sich die Häufigkeit, mit der die Kinder das Wort ergriffen, innerhalb von acht Monaten verdoppelte bzw. verdreifachte.

Dasselbe konnte man bei Franziska feststellen, der Tochter deutscher Eltern, die in Paris lebt. Als sie mit drei Jahren in die *école maternelle* kam, wo nur Französisch gesprochen wird, verfiel sie zunächst in erstauntes Schweigen (was viel heißen wollte, denn zu Hause sprach sie eigentlich «wie ein Wasserfall»). Nach kurzer Zeit jedoch stürzte sie sich in das Abenteuer der Eroberung der neuen Sprache: Tagelang wich sie der Lehrerin nicht von den Fersen und immer wenn diese eine Minute Zeit hatte, nahm Franziska sie bei der Hand und führte sie zu Gegenständen oder auch zu den anderen Kindern und sagte fragend das einzige französische Wort, das sie aufgeschnappt hatte: «ça?» (das?). Die Lehrerin nannte den Gegenstand oder den Namen des Kindes, und auf diese Weise lernte Franziska innerhalb von wenigen Wochen Französisch!

Die bereits erwähnte Forscherin Lily Wong Filmore beobachtete fünf Spanisch sprechende Kinder im Alter von vier bis fünf Jahren während ihrer ersten Wochen in einem amerikanischen Kindergarten in Kalifornien.[70] Sie beschreibt verschiedene soziale Strategien der Kinder, um von den anderen akzeptiert zu werden und bei deren Spielen mitmachen zu können. Obwohl sie kein Wort Englisch verstanden, schlossen sich die Kinder durch einen Trick der Gruppe an: Einige feste Wendungen – im Deutschen wären solche Wendungen z. B. *gehtich, klapptich* (= *geht nicht, klappt nicht*), *takörtas* (= *da gehört das (hin)*)[71] – waren die «Zauberwörter», mit denen sie den anderen vormachten, sie verstünden alles. Dadurch wurden die Kinder in das Gespräch oder Spiel aufgenommen und provozierten Reaktionen, die ihnen neue Redewendungen und Wörter lieferten.

Den Code entschlüsseln

Die Verwendung von stehenden Redewendungen bzw. vorgefertigten Satzteilen verfolgt ein zweifaches Ziel: Einerseits dient sie zur Kontaktaufnahme mit der anderssprachigen Umgebung; zum anderen lernt das Kind durch Üben, die Wendungen nach und nach zu bereichern und immer selbständiger Sätze in der neuen Sprache zu formulieren. Beim Beobachten des Sprachverhaltens von vier japanischen Kindern in einem amerikanischen Kindergarten[72] konnte ein amerikanisches Forscherteam feststellen, dass der allmähliche Sprachaufbau mehrere Etappen durchläuft: Nach der ersten Etappe der festen Wendungen (etwa «ismeins»), kommt es in der zweiten Phase zur Zerlegung der Wendungen, mit dem Erfolg, dass die ihnen zugrunde liegenden Regeln klar werden. Dadurch können sie durch ein weiteres Wort angereichert werden: «Is meins auto», bis schließlich in der dritten Phase ein korrekter Satz entsteht: «Das ist mein Auto.» Aya, eines der japanischen Kinder, die in der erwähnten Studie beobachtet wurde, benutzte zuerst die Wendung «more cracker please» (noch einen Keks bitte), auch um etwas zu trinken zu bekommen. Etwas später modifizierte sie die Wendung, um einen Apfel oder Salat zu bekommen («more apple please», «more salad please»), verlangte aber auf die gleiche Weise nach einer Gabel: «More fork please» (noch eine Gabel).

Während also soziale und kognitive Strategien den Eintritt in die Zweitsprache bestimmen, so hängt der Rhythmus ihres Erwerbs auch von ganz individuellen Faktoren wie der Persönlichkeit und dem Lernstil des Kindes ab.

Unterschiedliche Lernstile

Schon in den frühesten amerikanischen Untersuchungen des Erstspracherwerbs hatte man stilistische Unterschiede beim Aufbau des ersten Lexikons festgestellt, die man dem unterschiedlichen Lernstil der Kinder zuschrieb. Man stellte fest, dass manche Kinder eher analytisch, reflektierend an die Sprache herangehen, während andere einen expressiven, holistischen Lernstil an den Tag legen. Die «analytischen» Kinder interessieren sich eher für Dinge und für die Form der Kommunikation. Sie benutzen mehr Substantive, kennen viele «Dingwörter», sie interessieren sich dafür, wie die Sprache aufgebaut ist und welche Regeln ihr zugrunde liegen. Analytische Kinder haben ein ausgeprägtes Sprachbewusstsein und sprechen erst, wenn sie sicher sind, alles richtig zu machen. Die «holistischen» Kinder hingegen interessieren sich für die soziale Funktion von Sprache, sie bevorzugen die Kommunikation, ohne Rücksicht auf Genauigkeit. Sie sind neugierig auf Menschen, verwenden komplexe Redewendungen und Formen und wiederholen gern ganze Sätze.[73] Expressive Kinder bevorzugen Rollenspiele, bei denen sie die gerade aufgeschnappten Satzteile testen können. Durch ihre verbindliche Art machen sie sich schnell bei den anderen Kindern beliebt, die ihnen ganz nebenbei auch entgegenkommen, indem sie auf ihre festen Wendungen antworten und ihr Redetempo dem Lerner anpassen. So ist es nicht erstaunlich, dass expressive Kinder in der neuen Sprache schneller vorankommen als analytische. Auf die spätere Sprachkompetenz hat der Lernstil allerdings keine Folgen.

Und die Schematisierung der verschiedenen Lerntypen ist auch nicht allgemein gültig. Wie die Sprachwissenschaftlerin Rosemary Tracy[74] zeigen konnte, bedienen sich viele Kinder beider Strategien und gehen sowohl holistisch als auch analytisch vor.

Das große Schweigen

Der anderssprachige Neuankömmling im Kindergarten wird erst einmal erstaunt feststellen müssen, dass Erwachsene und Kinder anders sprechen, als er das von zu Hause gewöhnt ist. Da er aber große Lust hat, mit den anderen Kindern Kontakt aufzunehmen, so versucht er erst einmal, so zu sprechen, wie er es zu Hause gelernt hat. Je jünger das Kind ist, desto länger wird es an der gewohnten Sprache festhalten. Sobald es erkannt hat, dass es nicht verstanden wird, kommt eine «schweigsame» Zeit, in der es sich allenfalls mit Gesten und Mimik zu verständigen sucht, ansonsten aber stumm an den Spielen und Beschäftigungen teilnimmt. Dies ist eine heikle Phase, denn das Kind erweckt jetzt den Eindruck, passiv zu sein und sich treiben zu lassen. Tatsächlich befindet es sich im Anfangsstadium des Zweitspracherwerbs, in dem es die neuen Klänge auf sich wirken lässt, die Melodie und die Laute zu entschlüsseln versucht.

Eltern und Erzieher sollten sich bewusst sein, dass die «stumme» Phase eine wesentliche Etappe auf dem Weg zum Zweitspracherwerb ist. Auch wenn das Kind in dieser Phase aufgehört hat zu sprechen (jedenfalls im Kindergarten), so hat es auf keinen Fall aufgehört zu kommunizieren. Es wäre in dieser Phase völlig abwegig, auf das Kind Druck auszuüben, um es zum Sprechen zu bringen; eine derartige Intervention könnte im Gegenteil den Erwerbsprozess stören und verlangsamen.[75]

Ein amerikanisches Forscherteam hat das Verhalten von neun monolingualen chinesischen Kindern zwischen drei und acht Jahren beobachtet, die eine amerikanische Schule besuchten.[76] Sechs der Kinder machten eine «stumme» Phase von einem bis drei Monaten durch, während der sie sich zwar an den gemeinsamen Spielen beteiligten, aber sich nur mit den anderen Chinesisch sprechenden Kindern verbal austauschten. Die Kinder wurden einzeln über ihre Empfindungen in der fremdsprachlichen Gruppe interviewt. Eines der Kinder erklärte, dass es beschlossen hätte, Englisch zu lernen, da die anderen Kinder und die Lehrer wohl nicht bereit wären, Chinesisch zu lernen. Ein Mädchen aus der Gruppe erklärte, es sei zu schwer, sich mit den Lehrern zu verständigen, «wegen der Sprache», und deshalb hätte sie beschlossen, nicht mehr mit ihnen zu sprechen. Alle sechs Kinder, die eine stumme Phase durchgemacht hatten, brachten nach ein paar Wochen komplexe und fehlerlose Sprachelemente hervor und waren sprachlich auf demselben Niveau angelangt wie die Kinder, die eine solche Phase nicht eingelegt hatten.

Die «stummen» Kinder waren offensichtlich in stärkerem Maße analytische Lerner, die sich für die Regeln der Sprache interessierten und erst ihre Umgebung einige Zeit beobachteten, bevor sie sich selbst ins (Sprach-)Gefecht stürzten. Im Gegensatz dazu waren die expressiven Kinder der Gruppe schon nach kurzer Zeit auf die anderen zugegangen. Die expressiven Kinder suchten konstant die Nähe von Kindern, die sehr sprachgewandt waren, und machten schnelle Fortschritte in der Zweitsprache.

Erfolgreich mit Methode?

«Wir leben in den USA, meine Frau ist Deutsche und ich bin Amerikaner. In den ersten Jahren sprachen wir miteinander Deutsch und Englisch, je nach Diskussionsthema. Kurz bevor unsere Tochter Anna geboren wurde, haben wir beschlossen, an den geraden Tagen Englisch und an den ungeraden Deutsch zu sprechen, denn wir wollten sicher sein, dass Anna genügend Deutsch mitbekommen würde. Sobald wir in Deutschland waren, sprachen wir nur noch Deutsch. Wir haben den Rhythmus seit der Geburt unserer Tochter beibehalten, das heißt, an geraden Tagen sprechen wir Englisch und an den ungeraden Deutsch. Jetzt, da Anna acht Monate alt ist, haben wir immer mehr Kontakt mit Englischsprachigen hier in Kalifornien und deshalb haben wir beschlossen, immer drei Tage Deutsch zu sprechen und am vierten Tag Englisch.»[77]

Als im Jahr 1908 der französische Linguist Jean Ronjat seinen Kollegen Maurice Grammont fragte, wie er vorgehen solle, um seinen Sohn Louis zweisprachig zu erziehen, riet ihm Grammont, er habe nichts zu tun, als sich strikt an die Regel zu halten, dass jeder Partner nur die jeweilige Muttersprache mit seinem Sohn sprechen solle. So würde er von Geburt an eine Sprache mit der Mutter verbinden und die andere mit seinem Vater. Jean Ronjat wendete den Rat seines Kollegen an: Nach dem Grammont-Prinzip sprach er nur Französisch mit seinem Sohn und seine Frau nur Deutsch. Seit der Zeit spukt das Prinzip EPES (eine Person, eine Sprache), gern auch OPOL genannt (one person, one language) durch die Köpfe und die Diskussionsforen zahlreicher binationaler Eltern. Tatsächlich haben sich meistens Sprachforscher an diese Regel gehalten, wenn es galt, die eigenen Kinder zweisprachig zu erziehen, wie einige Sprachgeschichten, etwa von W. F. Leopold (1949), T. Taeschner (1976), Kielhöfer/Jonekeit (2002) und G. Saunders (1988), bezeugen.

Das strenge Trennungsprinzip der Sprachen ist jedoch im alltäglichen Leben, dem von Sprachforschern vielleicht ausgenommen, nur schwer zu verwirklichen. Wenn man nicht völlig am Rande der Gesellschaft lebt, ist es unvermeidbar, in Situationen zu geraten, wo man gar nicht anders kann, als mit seinem Kind die Sprache zu wechseln. Eine zu strenge Einhaltung der Regel OPOL schadet zudem der Spontaneität zwischen Eltern und Kind, und es kann zu echten Sprachstörungen kommen, wenn noch dazu vom Kind eine absolute Loyalität in Sachen Sprache verlangt wird. Oft erzählen Mütter, wie sie, um die Artikulation in der erwünschten Sprache zu fördern, Unverständnis vorgeben, wenn ihr Kind nicht die «richtige» Sprache spricht. In Australien beobachtete man deutsch-australische Familien, die strikt das Grammont-Prinzip anwendeten.[78] Alle Familien gehörten einem sozial privilegierten Milieu an, die zweisprachige Erziehung entsprang einer gut überlegten Entscheidung und war nicht durch äußere Umstände vorgegeben. Die Familien stammten aus der Mehrheitsgesellschaft und hatten keinen Kontakt zu weiteren mehrsprachigen Kindern oder Erwachsenen. Die Erziehung in der Zweitsprache war einem Elternteil überlassen, der sich strikt an die OPOL-Regel halten musste. Die Studie zeigte auf, dass bei allen Handlungen und Interaktionen die strikte Trennung der Sprachen im Mittelpunkt der Aufmerksamkeit stand, sodass die Kinder laufend aufgefordert wurden, die Regel einzuhalten. Das Ergebnis dieser Erziehung war dennoch enttäuschend, denn ein Großteil der Kinder entwickelte die zweite Sprache nicht weit genug, um sie zu sprechen. Ein etwas besseres Ergebnis wurde in jenen Familien erzielt, in denen die Eltern sich auch untereinander der Zweitsprache bedienten.

Strenge Methoden

«Mein Problem war, dass ich anfangs, als meine Kinder mir auf Englisch antworteten, so tat, als mache es mir nichts aus. Anfangs ließ ich sie gewähren, aber ich sprach weiter Japanisch mit ihnen. Was zur Folge hatte, dass sie immer sprachfauler wurden und schließlich nur noch Englisch mit mir sprachen. Englisch erfüllte schließlich seinen Zweck, warum sollten sie sich weiter anstrengen? Ich habe schnell gemerkt, dass wir Japanisch ganz verlieren würden, wenn ich sie weiter gewähren ließe. Also begann ich, von ihnen zu verlangen, dass sie mir in der «richtigen» Sprache antworten. Wenn meine Tochter Saft will, tue ich entweder so, als würde ich sie nicht verstehen oder lasse sie so lange wiederholen, bis sie es mir in korrektem Japanisch sagt.

Meine Freundinnen finden, dass ich zu streng mit ihnen bin. Aber ich finde, es ist auch nicht anders, als wenn ich von ihnen verlange, höflich zu sein. Ich würde ihnen auch keinen Saft geben, wenn sie mich nicht höflich darum bäten. Wenn man versucht, ein Kind zum Gebrauch der schwachen Sprache durch Bitten, Flehen oder Befehle zu bringen, das funktioniert nie. Man muss von Anfang an Grundregeln festlegen und sich dann immer und überall daran halten.»[79]

Der Wunsch nach zweisprachigen Kindern führt manche Eltern zu komplizierten Methoden und Zeitaufteilungen. In einigen Familien werden die Sprachen im Wechsel gesprochen (wochentags beim Essen Englisch und sonntags Deutsch), in anderen auf verschiedene Wochentage verteilt. Alle diese Methoden können für die eine Familie funktionieren, während sie für eine andere ausgeschlossen sind. Es existiert jedoch keine Studie, die die eine oder andere Methode besonders hervorheben würde. Eines weiß man hingegen mit Sicherheit: Je komplizierter eine Methode, desto kürzer ist ihre Lebensdauer!

Auf besonders strenge Regeln hatte sich ein deutsch-peruanisches Paar verständigt, das ich in einem Seminar traf: Die Eltern lebten für mehrere Jahre in Peru und wollten unbedingt, dass ihr Sohn noch vor dem Eintritt in den peruanischen Kindergarten Deutsch sprach. Sie beschlossen also, alles auf die «schwache» Sprache zu setzen, und schlossen Spanisch, die Sprache des Landes, des Vaters und der Familie, vorerst vollständig aus. Das ging so weit, dass beide Eltern von Geburt an nur Deutsch mit dem Kleinen sprachen und dass man der peruanischen Großmutter verbot, sich dem Kind zu nähern, da sie kein Deutsch konnte! Als der Sohn drei Jahre alt war, befanden beide Eltern, die Sprache sei jetzt genügend entwickelt, und der Kleine durfte endlich mit anderen Kindern spielen und seine Großmutter kennenlernen! Man muss sich natürlich fragen, inwieweit man in seinem Wunsch nach Zweisprachigkeit in das Leben seines Kindes in derart massiver Weise eingreifen darf und ob sprachliche und soziale Isolation als Preis des Zweitspracherwerbs gerechtfertigt ist!

Der Preis der Zweisprachigkeit

«Ich bin von Kindheit an zweisprachig, meine Mutter ist Französin, mein Vater Deutscher. Ich bin in Deutschland aufgewachsen, aber da meine Eltern seit meinem vierten Lebensjahr geschieden waren, war unsere Familiensprache Französisch. Deutsch war für den Kontakt außer Haus bestimmt, und jedes Jahr verbrachten wir sechs Wochen bei den Großeltern in Frankreich, die kein Wort Deutsch konnten.

Meine Mutter war immer sehr streng mit der Sprachwahl. Sie sprach nur Französisch mit mir und wenn ich mit ihr Deutsch sprach, sagte sie: ‹Ich versteh dich nicht, sprich Französisch mit mir.›

Diese Haltung hatte mehrere Folgen: Einerseits spreche ich fließend und akzentfrei Deutsch und Französisch. Ich spielte die Übersetzerin für meine Großeltern und mit fünf Jahren konnte ich in beiden Sprachen lesen. Nicht schlecht, oder? Auf der anderen Seite war ich oft so frustriert, denn wenn ich meiner Mutter etwas erzählen wollte, so kostete es mich riesige Anstrengungen, es auf Französisch zu formulieren. Manchmal schwieg ich lieber, als mich anzustrengen. Schlimm für die Mutter-Tochter-Beziehung! So mit acht bis neun Jahren hatte ich eine Phase, wo ich es hasste, dass sie mit mir vor allen Leuten Französisch sprach. Ich wollte nicht ‹anders› sein als die anderen Kinder. Es war mir auch peinlich, wenn sie mit mir Französisch vor meinen oder ihren deutschen Freunden sprach; ich empfand das als sehr unhöflich. Es war schon schwer für meine Mutter, denn zu der Zeit (ich bin Jahrgang 1967), wusste niemand etwas über Zweisprachigkeit, und die Familie meines Vaters und auch ihre Bekannten waren der Meinung, dass sie wirklich zu streng war und mich ‹arme Kleine› überforderte. Sie hat sich wirklich durchkämpfen müssen, und im Grunde bin ich ihr dankbar.»

Jede Familie muss ihr eigenes sprachliches Gleichgewicht finden; dabei sollte jede zu strenge und zu stark einengende Vorgehensweise, wer wie mit wem sprechen darf und muss, vermieden werden. Im Vordergrund sollte immer eines stehen: der liebevolle, auf einem Vertrauensverhältnis basierende Kontakt zwischen Eltern und Kindern.

Den frühen Zweitspracherwerb fördern

«Als wir mit der Familie aus der Ukraine in Frankreich ankamen, war unsere Tochter Lena fast vier. Sie wurde sofort in die *école maternelle* eingeschult, damit sie so schnell wie möglich Französisch lernte. Ich selbst sprach kaum Französisch, ich hatte vorher nur sechs Monate lang Sprachunterricht genommen. Trotzdem haben mich die Lehrerinnen von Anfang an beredet, ich solle nur noch Französisch mit meiner Tochter sprechen. Ich hielt aber stand und sprach weiter Russisch mit ihr. Dann hieß es, Lena habe einen Aussprachefehler: sie spreche das ‹s› nicht richtig aus und müsse zur Sprachtherapeutin. Und obwohl wir regelmäßig zur Sprachtherapie gingen, ließen die Lehrerin und die Direktorin nicht locker: Wir sollten endlich Französisch mit Lena sprechen! Dennoch habe ich mich von meiner Entscheidung nicht abbringen lassen – wie auch, bei meinen Französischkenntnissen! Und ich habe Recht behalten! Lena hat inzwischen die erste

Grundschulklasse erfolgreich hinter sich, sie kann in beiden Sprachen lesen und ist die Beste in ihrer Klasse!»

Wir haben gesehen, wie Kinder sich die neue Sprache mittels sozialer und kognitiver Strategien aneignen. Daraus lässt sich ableiten, wie wichtig die Vermittlung der Zweitsprache durch Muttersprachler ist. Nur so wird sich der Spracherwerb auf natürliche Weise vollziehen, wobei die Kinder von Gleichaltrigen weitaus schneller lernen als in der Interaktion mit Erwachsenen.

Sofern in einer in Deutschland lebenden «ausländischen» Familie kein deutsches Sprachangebot vorhanden ist, sollte das deutsche «Sprachbad» so früh wie möglich einsetzen, idealerweise mit Beginn des Kindergartens. Nur so lässt sich der Sprachstand der einsprachig deutsch aufwachsenden Kameraden erreichen. Um die kognitive Entwicklung zu fördern und eine harmonische Persönlichkeitsentfaltung zu gewährleisten, ist es unumgänglich, gleichzeitig das in der Familiensprache erlernte Sprachwissen weiter auszubauen und zu fördern.

Auch wenn der kleine Kindergartenbesucher anfangs – manchmal wochenlang – nichts spricht, ist diese «stumme Phase», wie wir schon gesehen haben, eine Periode intensiver Arbeit für das Kind. In dieser «sensiblen Phase» sollte man sich nicht von Lehrern oder anderen Eltern verunsichern lassen, die mit Hinweisen auf «Sprachrückstand» und «Sprachverweigerung» das Kind manchmal mit dem Etikett «Problemkind» versehen. Für Eltern ist es nicht leicht, zu sehen, wie ihr Kind sich still im Hintergrund hält; denn wer hätte nicht gern einen kleinen Draufgänger, der bei allen beliebt und der mehrsprachige Star des Kindergartens ist? Hier ist Geduld vonnöten; es gilt, dem Kind Zeit zu lassen und ihm zu zeigen, dass man Vertrauen in seine Fähigkeiten hat, mit der schwierigen Situation fertig zu werden.

Zwei Sprachen und mehr

Infolge der größeren Mobilität wächst nicht nur die Zahl der Kinder, die Deutsch als Zweitsprache lernen, sondern in zunehmend mehr Familien kommt es als Drittsprache hinzu. Zahlreiche Kinder wachsen von Geburt an mit zwei Sprachen auf und beim Eintritt in den Hort oder den Kindergarten müssen sie sich mit einer weiteren Sprache, der Landessprache, auseinandersetzen. Das Entsetzen ist dann oft groß, allerdings eher auf Seiten der Erzieher und Lehrer, manchmal auch auf der der Eltern, kaum aber, was den mehrsprachigen Sprössling selbst anbelangt.

Die Problematik der Mehrsprachigkeit läuft auf die Frage zu, wie viele Sprachen ein Kind gleichzeitig aufnehmen kann. Die frühe Sprachentwicklung mit mehr als zwei Sprachen in «natürlicher» Umgebung ist bis jetzt wenig untersucht worden. In der Regel ist die dritte Sprache die der Umgebung; in einigen Familien kommt sie durch eine Großmutter oder einen anderen Verwandten ins Spiel.

Gar nicht einmal selten ist der Fall, dass es bei der Einschulung in eine zweisprachige Schule zur Begegnung mit einer dritten Sprache kommt, etwa wenn deutsch-türkische Eltern ihr Kind in eine bilinguale, englisch-deutsche Schule schicken. Diese «künstliche» Dreisprachigkeit ist in Europa relativ häufig, seit in vielen Ländern zweisprachige Schulen existieren. In zweisprachigen Regionen wie Katalonien, im Baskenland, in Friesland, in der Bretagne oder im schwedischen Wasa besuchen die Kinder einen zweisprachigen Schulzweig, in dem Englisch als Drittsprache in der Grundschule unterrichtet wird. In den zweisprachigen Immersionsschulen in Kanada wird Englisch bzw. Französisch als dritte Sprache von Kindern der Aborigenes oder aus Migrantenfamilien gelernt. Auch in vielen Gegenden Südamerikas werden Kinder, die Quetchua, Aymara oder Guarani als Muttersprache haben, in ihrer Muttersprache und der Landessprache unterrichtet. In allen Schulen kommt Englisch als unumgängliche Drittsprache dazu.

Sprachentwicklung mit drei Sprachen

Zahlreiche Studien haben den Erwerbsrhythmus der dritten Sprache im Rahmen des zweisprachigen Unterrichts untersucht. Sie lassen darauf schließen, dass das Erlernen der dritten Sprache schneller vorangeht, da zweisprachige Kinder besondere Lernstrategien und ein ausgeprägtes Sprachbewusstsein besitzen.[80]

Leider wissen wir sehr wenig über das Entstehen von Dreisprachigkeit in den ersten drei Lebensjahren. Eine der wenigen Sprachstudien, die uns zur Verfügung stehen, lässt vermuten, dass der Spracherwerbsmechanismus derselbe ist wie bei der Zweitsprache; allerdings ist die Vernetzung der drei Sprachen komplex und die Sprachentwicklung kann verzögert sein.[81]

Meistens sind es Einzelstudien, die Einblick in die mehrsprachige Entwicklung geben, wie die des Sprachwissenschaftlers Jean-Marc DeWaele,[82] der die Sprachentwicklung seiner Tochter Livia aufgezeichnet hat. Sie spricht Französisch mit ihrem Vater, Niederländisch mit der Mutter, während die Umgebungssprache Englisch ist, denn die Familie lebt in London. Niederländisch ist die starke Sprache der Familie, die auch die Eltern untereinander verwenden. Ab dem Alter von fünf Monaten wurde Livia, bis sie zweieinhalb war, nachmittags von einer pakistanischen Tagesmutter betreut, die Englisch und Urdu mit dem Kind sprach. Die Vormittage waren für Französisch mit dem Papa reserviert. Im Alter von drei Jahren benutzte Livia Englisch, Französisch und Niederländisch, wenn sie mit ihren Puppen spielte. Mischt sie die Sprachen, so geschieht das in der Regel mit zwei Sprachen, entweder Französisch-Niederländisch oder Französisch-Englisch. Sprachmischungen aus drei Sprachen sind dagegen selten anzutreffen: «Mimi, what do you préfères, een boterham?» (Mimi, was möchtest du gerne, ein Butterbrot?)

Jean-Marc DeWaele berichtet, dass sich bei Livia sehr früh ein Sprachbewusstsein einstellte: «Die Sprache einer Person oder einer Puppe ist für sie ebenso wichtig wie die Haarfarbe. Beim Baden, mit 21 Monaten, sagte sie einmal: ‹maman petit canard spreken Nederlands› (Mama, die kleine Ente spricht Niederländisch).» DeWaele stellt weiterhin fest, dass die Wortäußerungen Livias in allen drei

Sprachen korrekt geformt sind, mit sehr wenigen Grammatikfehlern. Die meisten «Fehler» waren mit 4 Jahren verschwunden.

Livias ausführlicher Sprachbericht hat zumindest den Vorteil, ängstliche Eltern in einer ähnlichen Situation beruhigen zu können. Wenn man einen Einzelfall auch nicht zu stark verallgemeinern sollte, so zeigt Livias Beispiel doch, mit welcher Unkompliziertheit und Leichtigkeit Kinder mit drei Sprachen umgehen können, die für sie in ihrer unmittelbaren Umgebung wichtig sind. Belege für eine problemlose Mehrsprachigkeit ließen sich natürlich auch in vielen anderen Teilen der Welt leicht finden.

Eine mehrsprachige Familie

«Ich bin die Tochter eines spanischen Vaters und einer italienischen Mutter, die darauf bestand, mit mir in ihrer Sprache zu sprechen. Und das in Algerien, wo die Leute um mich herum Arabisch sprachen, außer in der Vorschule und Schule, wo der Unterricht auf Französisch stattfand. Ich habe sehr spät «richtig» gesprochen, so sehr musste ich mich anstrengen, die vielen Sprachen in meinem Kopf zu verstauen und auseinanderzuhalten. Aber als mein Kauderwelsch endlich für andere verständlich war, sprach ich immerhin vier Sprachen mit vier Jahren! Und dabei ist es nicht geblieben. Mein älterer Sohn, 18, ist in Frankreich geboren und er spricht fließend Arabisch. Mit ihm habe ich immer Arabisch, meine starke Sprache, und Französisch gesprochen. Charles ist heute perfekt zweisprachig. Inzwischen heiratete ich einen Ungarn russischer Herkunft. Mein Mann spricht fließend Russisch, Ungarisch und Englisch (unsere Umgangssprache am Anfang unserer Beziehung). Wir haben einen dreijährigen Sohn, mit dem mein Mann Russisch spricht und ich Französisch. Jonathan hat spät zu sprechen begonnen; mit zwei Jahren verstand man ihn kaum, und auch heute noch ist seine Sprechweise sehr lückenhaft. Aber er kann beide Sprachen auseinanderhalten und verwendet Russisch mit seinem Vater und Französisch mit mir. Manchmal weigert er sich zwar, Russisch zu sprechen, aber wir gehen nicht weiter darauf ein und mein Mann spricht einfach weiter Russisch mit ihm. Unser Sohn hat das, glaube ich, verstanden und sein Sprachverhalten hat sich geändert.»

Das Kind als Sprachverwalter

Alles, was man über die erstaunliche Fertigkeit der Kinder erzählt, mit mehreren Sprachen zurechtzukommen, lässt sich auf einen gemeinsamen Nenner bringen: Ein Kleinkind erwirbt intuitiv jedes Sprachsystem, das für es nötig ist, um eine emotionale Bindung zu den Personen seiner unmittelbaren Umgebung herzustellen. Die Basis des frühen Spracherwerbs ist also die emotionale Bindung an die Bezugspersonen.

Die Kehrseite der Medaille ist, dass eine so schnell und leicht erworbene Sprache auch ebenso schnell und leicht wieder vergessen werden kann! Jede Sprache ist in der frühen Kindheit an Personen gebunden: die portugiesische Großmutter, die pakistanische Tagesmutter, die jede in ihrer Erstsprache mit dem Kind kommunizieren. Jede Veränderung der familiären Situation (die Tagesmutter wird nicht mehr gebraucht, weil das Kind in den Kindergarten kommt, oder die Großmutter kehrt nach Portugal zurück) bringt natürlich auch das Sprachgleichgewicht in der Familie durcheinander.

Die Sprachen können auch lokal verteilt sein, etwa Griechisch und Englisch zu Hause, Deutsch im Kindergarten. Eine berufliche Veränderung und ein längerer Aufenthalt in Griechenland ändern das Sprachverhältnis aufs Neue.

Kinder sind Meister in der ökonomischen Verwaltung ihrer Sprachen, nur was nützlich ist, wird behalten, alles Überflüssige abgelegt. Wie unbenutzte Gegenstände können auch Sprachen «verstauben», sie können sogar völlig verschwinden – im Gegensatz zu Gegenständen, die sich nicht auflösen!

Das bedeutet, dass der Kontakt mit der jeweiligen Sprache regelmäßig und intensiv genug sein muss, damit das Kind die Gelegenheit hat, sich mit dem Sprachsystem auseinanderzusetzen. Aber das ist nicht genug. Kinder haben ein feines Gespür für den sozialen Kontext: sie erkennen sehr schnell, wer was und wie spricht und können dementsprechend ihre Sprache auf den Gesprächspartner einstellen. Sie sind aber auch gute Detektive und durchschauen schnell, wenn die Eltern eine Sprache künstlich aufrechterhalten wollen.

Das ist der Fall in der Familie von Carole, die alles daran setzt, ihre eigene mehrsprachige Kindheit ihren Kindern weiterzugeben. Carole ist in Algerien geboren, ihre Eltern waren spanisch-französisch. In der Familie wurde ganz natürlich Spanisch, Französisch und Arabisch gesprochen. Sie hat einen Deutschen geheiratet und lebt in Deutschland. Carole spricht Englisch mit ihrem Mann, sie haben zwei Kinder. Sie spricht Französisch mit den Kindern, der Vater hingegen Deutsch, und wenn die ganze Familie zusammen ist, sprechen alle Englisch. Carole hat sich in den Kopf gesetzt, die Dreisprachigkeit ihrer Kinder zu unterstützen, indem sie zu bestimmten Zeiten und je nach Situation entweder Deutsch, Englisch oder Französisch mit den Kindern spricht. Sie ist stolz darauf, dass die Kinder mal die eine, mal die andere der drei Sprachen gebrauchen. Kürzlich jedoch erzählte sie mir besorgt von den «Hörproblemen» ihrer beiden Kinder: «Seit einiger Zeit merke ich, dass Elsa plötzlich ‹vergisst›, was sie sagen wollte oder auch, was ich zu ihr sage. Und Mathias sagt mir oft ganz unerwartet, dass er ‹nicht gut› hört.

Vielleicht ist der Umgang der Familie mit der Mehrsprachigkeit doch problematischer als erwartet; denn wenn auch Deutsch und Französisch in der Familie einen berechtigten Platz haben, so kann man das von Englisch nicht sagen. Die Eltern halten die Sprache mehr oder weniger künstlich aufrecht, denn beide sprechen auch Deutsch und Französisch mit den Kindern und untereinander. Dazu kommt der ständige Sprachwechsel der Mutter, den ihre Kinder wahrscheinlich durch ein «selektives» Gehör bremsen wollen. Wenn der Ehrgeiz der Eltern in Bezug auf die Sprachwahl zu bunte Auswüchse treibt, so bleibt den Kindern nur noch ein Ausweg: sie stellen sich taub!

Wechselspiel der Fertigkeiten

Wenn zu viele Sprachen im Spiel sind oder der von den Eltern ausgeübte Druck, eine bestimmte Sprache zu verwenden, zu stark ist, kann es vorkommen, dass es dem Kind regelrecht die Sprache «verschlägt»: Es begnügt sich mit einsilbigen Antworten oder meidet jegliche Unterhaltung mit dem betreffenden Sprecher. Vor einiger Zeit traf ich Keo, die mit Mann und Kind ein Jahr zuvor von London nach Paris gezogen war. Keo stammt aus Laos und ist mit einem Chinesen verheiratet. Da keiner die Sprache des Partners beherrscht, ist ihre Umgangssprache Französisch. Ihr Sohn Taotao ist 5 Jahre alt. Er besucht eine private Vorschule, in der neben Französisch auch Englisch unterrichtet wird. Die Eltern sprechen ihre jeweilige Muttersprache mit dem Kleinen, dessen starke Sprache Laotisch ist, während er in Chinesisch, Englisch und Französisch nur «ein paar Wörter» kennt, wie es Keo ausdrückt. Keo ist beunruhigt, denn ihr Sohn «mag nicht sprechen», wenn er aus der Schule kommt; sie hat den Eindruck, dass es ihn anstrengt, wenn er ihr seinen Tag erzählen soll. Die Lehrerin berichtet, dass der Junge auch in der Schule sehr schweigsam ist.

In Taotaos Fall ist es mehr als wahrscheinlich, dass der kleine Junge den Druck der Mutter spürt, die am Ende des langen Schultags (in Frankreich gibt es nur Ganztagsschulen) einen genauen Bericht in ihrer Muttersprache erwartet.

Taotao ist erst seit ein paar Monaten in der neuen Umgebung und, ganz zu schweigen von eventuellen Anpassungsschwierigkeiten in der neuen Schule, ist er in einer Phase, in der er die sprachlichen Eindrücke der Umgebungssprache Französisch verarbeiten muss – er befindet sich, wie zu erwarten, in der «schweigsamen» Phase, die wir in einem vorhergehenden Kapitel angesprochen haben.

Sicher ist der gleichzeitige Erwerb von vier Sprachen nicht unmöglich, aber das Zusammenwirken der verschiedenen Sprachsysteme ist verständlicherweise komplex, weshalb eine Verzögerung, verglichen mit «nur» bilingualen Kindern, durchaus normal ist. Allerdings gibt es heute noch zu wenig fundiertes Wissen über die Entwicklung der Sprachkompetenzen von zweisprachigen Kindern, die eine bilinguale Schule mit zwei zusätzlichen Sprachen besuchen.

Bei mehrsprachigen Kindern sowie den «global nomads», den Weltnomaden, die mit ihren Eltern in regelmäßigen Abständen das Land und die Sprache wechseln, lässt sich allerdings immer wieder feststellen, dass sie sprachlich auf Sparflamme schalten.

Ein Leben als «globaler Nomade»

«Ich bin Französin und Mutter von zwei Jungen im Alter von neun und fünf Jahren. Im Rahmen meiner Arbeit ziehen wir oft in ein anderes Land. Nachdem wir vier Jahre in Hongkong verbracht hatten, wo meine Kinder die amerikanische Schule besuchten, sind wir jetzt seit einem Jahr in Paraguay. Der Ältere hat auf Englisch Lesen und Schreiben gelernt, denn er ging vom dritten bis zum siebten Lebensjahr auf die amerikanische Schule in Hongkong; Französisch zu lesen hat er sich zu meinem großen Erstaunen selbst beigebracht! Der Jüngere war nur ein Jahr in dieser Schule. Seit einem Jahr, in Paraguay, besuchen beide eine französische Schule und haben auch Spanischunterricht. Da 80 Prozent der Schüler Paraguayer sind, sprechen die Kinder untereinander hauptsächlich Spanisch. Meine beiden haben sich mit der neuen Sprache innerhalb eines Jahres sehr gut angefreundet und sprechen sie ganz spontan. Nun ist mein Problem, dass wir nächstes Jahr nach Indonesien gehen werden, und dort gibt es keine französische Schule. Sie werden also wieder die amerikanische Schule besuchen. Ich habe bemerkt, dass der Große all sein Englisch vergessen hat, und ich frage mich, ob sie sich nächstes Jahr so leicht umgewöhnen werden können.»

In den ersten Jahren sind die Sprachkompetenzen fluktuierend. Ein Kind kann innerhalb kurzer Zeit dreisprachig werden, wenn es die geographische oder familiäre Konstellation verlangt, wie es auch ebenso schnell wieder zweisprachig werden kann, wenn die Familie das Land – und die dazugehörige Sprache – verlässt. Die vorübergehende Dreisprachigkeit findet sich oft bei den «modernen Nomaden» – Familien, die im Zeitalter der Globalisierung aus beruflichen Gründen von Land zu Land, von Kontinent zu Kontinent, von Sprache zu Sprache ziehen. Fachleuten zufolge ist der den äußeren Umständen gemäße stetige Wechsel der Sprachkompetenz (starke und schwache Sprachen wechseln einander ab) besonders charakteristisch bei Drei- oder Mehrsprachigen. Nach Charlotte Hoffmann[83] von der Universität Salford ist es bei Dreisprachigen unmöglich, eine gleichmäßige Sprachkompetenz in allen Sprachen zu erhalten. Zumindest eine der Sprachen ist immer weniger aktiv und bleibt deshalb «unterentwickelt». Die «dritte», weil schwächste Sprache verschwindet auch als erste, wenn sie in der neuen Umgebung nicht mehr gebraucht wird.

Ein labiles Gleichgewicht

Karin ist Deutsche, ihr Mann Amir tunesischer Herkunft, beide leben in Paris. Karin erzählt: «Ich habe immer Deutsch mit meinen Kindern gesprochen, etwas anderes kam für mich nicht in Frage. Mein Mann und ich sprechen Französisch untereinander. Mit unserer ersten Tochter Amel sprach mein Mann Arabisch, jedenfalls solange sie klein war. Amel sprach hauptsächlich von Anfang an Deutsch und kannte einige Wörter und Ausdrücke auf Arabisch. Sobald Amel mit drei Jahren in die französische Vorschule kam, wurde ihr Französisch sehr schnell stärker. Als Yasmina geboren wurde, war Amel dreieinhalb, und mein Mann fing wieder an, mehr Arabisch mit den Kindern zu sprechen. Die Wende kam, als Yasmina in die *ecole maternelle* ging. Man spürte, wie ihr Arabisch stagnierte; die beiden Kinder fingen an, beim Spielen Französisch zu sprechen, und Arabisch interessierte sie nicht mehr.»

Der Verlust der «schwächsten» Sprache bedeutet allerdings nicht, dass auch die dazugehörige kulturelle Kompetenz verloren geht. Selbst wenn sich die Sprachkompetenz zu einer zweisprachigen zurückentwickeln sollte, bliebe doch eine dreifache kulturelle Kompetenz erhalten.

Um die Dreisprachigkeit zu erhalten, ist regelmäßiges «Üben» – im Unterricht oder im täglichen Umgang – zwar unerlässlich, aber nicht ausreichend. Darüber hinaus spielen noch andere Faktoren beim Aufbau und Erhalt einer dreifachen Sprachkompetenz eine Rolle. Die Bedeutung, die man einer Sprache in der Gesellschaft zumisst, beeinflusst indirekt die Motivation der Kinder, diese zu erwerben und auch zu pflegen.

In Koreatown, einem Stadtviertel von Los Angeles, in dem zahlreiche Koreaner leben, wurde vor einigen Jahren das Experiment einer zweisprachigen Schule gestartet, in der alle Schüler in Englisch und Koreanisch unterrichtet werden. In Koreatown leben auch zahlreiche mexikanische und philippinische Familien. Einige der Kinder, die den «*kindergarden*» der Experimentalschule besuchen, sprechen zu Hause Spanisch, Koreanisch, Tagalog oder Cebuano (auf den Philippinen gesprochene Sprachen). Nur eine Minderheit spricht zu Hause amerikanisches Englisch. Eine großangelegte Studie[84] hat die positive Wirkung des koreanisch-englischen Unterrichts auf alle Kinder belegt. Allerdings konnten sich die «Minderheitssprachen» Tagalog, Cebuano und Spanisch nicht halten. Alle Kinder haben ihre muttersprachlichen Fertigkeiten gegen solche in Koreanisch und vor allem Englisch eingetauscht.

Dreisprachigkeit hat bessere Chancen zu «überleben», wenn alle drei Sprachen in der Gesellschaft ein hohes Prestige haben, wie die Beobachtung der Sprachwissenschaftlerin Charlotte Hoffmann[85] bestätigt. Sie hat sieben Jahre lang die Sprachentwicklung ihrer beiden Kinder beobachtet, die mit Deutsch, Spanisch und Englisch aufwuchsen: Deutsch und Spanisch wird mit den Eltern gesprochen, Englisch ist die Umgebungssprache. Die Kinder haben keinerlei negative Urteile gegenüber einer der drei Sprachen zu spüren bekommen. Auf diese Weise konnten sie alle Sprachen so weit entwickeln, wie es für sie nötig war. Die Sprachwahl und das in jeder Sprache erreichte Sprachniveau entspringt immer, so berichten andere Studien, aus dem unmittelbaren Bedürfnis des Kindes zu einem bestimmten Zeitpunkt. Solange alle drei Sprachen benötigt werden, bleiben sie erhalten, wenn auch jede sich gerade so weit entwickelt, dass sie den augenblicklichen Bedürfnissen entspricht.

Johannes ist Deutscher und lebt mit seiner Partnerin, die halb Französin und halb Italienerin ist, in Deutschland: «Wir haben lange in England gelebt und sprechen beide sehr gut Englisch. Wenn ich allein mit den Kindern bin, spreche ich Deutsch mit ihnen, meine Frau macht dasselbe auf Französisch. Aber wenn wir alle zusammen beim Abendessen sind und uns erzählen wollen, was tagsüber passiert ist, wenn wir miteinander spaßen oder Witze erzählen, dann sprechen alle Englisch und es funktioniert sehr gut: Die Kinder sind dreisprachig.»

Die Grenzen der Vielsprachigkeit

Die Zahl der Sprachen, die ein Kind gleichzeitig erlernen kann, ist schon allein zeitlich begrenzt; denn die Stunden, die täglich mit sprachlichen Interaktionen verbracht werden können, sind in ihrer Zahl begrenzt. Werden zu viele Sprachen mit einem Kind gesprochen, kann es sein, dass nur eine beschränkte Kompetenz in jeder Sprache erreicht wird. In diesem Fall spricht man nicht mehr von Mehrsprachigkeit, sondern von Diglossie.

Diglossie ist ein besonderes Sprachverhalten, bei dem jeder Sprache eine bestimmte Funktion zukommt und auf das man häufig in Gesellschaften trifft, deren lokale Sprachen keine schriftliche Variante haben und in denen die Sprache der ehemaligen Kolonialherren als Verwaltungs- und Schulsprache fungiert.

So war etwa in Algerien Arabisch die Familiensprache im alltäglichen Bereich, Spanisch wurde mit den Nachbarn auf der Straße gesprochen und Französisch war die Sprache der Behörden und der Schule. Jede Sprache dient im Fall der Diglossie einem bestimmten Zweck und bestimmten Situationen und keine ist so entwickelt, dass sie in anderen Kontexten verwendet werden könnte.

Diglossische Situationen findet man oft in Migrantenfamilien mit einer gesellschaftlich unterbewerteten Familiensprache. Während die Herkunftssprache nur dem alltäglichen Gebrauch in der Familie dient, wird die Mehrheitssprache außerhalb der Familie, auf der Straße, beim Einkaufen, in der Schule gesprochen. Jede der beiden Sprachen ist einem Kontext zugeordnet, aber die Sprecher wären unfähig, einen komplizierten Sachverhalt in ihrer Erstsprache zu erklären. Ebenso wenig wären sie in der Lage, familiäre Angelegenheiten in der Umgebungssprache zu besprechen. Natürlich ist dieser Zustand an sich nicht beunruhigend, solange der Migrant sich in jeder Situation verständigen kann. Aber in einer Gesellschaft, in der viel Wert auf den Sprachstil gelegt und der Schriftsprache große Bedeutung beigemessen wird, ist Diglossie ein Hindernis für den sozialen Aufstieg.

5. Späte Zweisprachigkeit: Ab sechs

Das Erlernen der Zweitsprache

Immer wenn eine Familie aus beruflichen oder wirtschaftlichen Gründen ihr Glück im Ausland sucht, sollte dem sprachlichen Werdegang der Kinder angemessene Beachtung geschenkt werden. In meiner Beratungstätigkeit und bei diversen Seminaren stelle ich immer wieder erstaunt fest, mit welcher Sorglosigkeit sich Eltern in das Abenteuer Auswanderung stürzen, zumindest was die sprachlichen Voraussetzungen ihrer Kinder betrifft. Sehr oft wird die enorme psychologische und sprachliche Umstellung, die von den Kindern verlangt wird, unterschätzt oder als nebensächlich abgetan.

Viele Eltern stellen sich vor, dass ihre Kinder die neue Sprache «irgendwie» aufnehmen werden, sobald sie erst einmal in diese «eingetaucht» sind. Sie sind voller Vertrauen in die «natürliche» Fähigkeit ihres Kindes, sich jede Sprache anzueignen, vorausgesetzt, sie werden tief genug ins Sprachbad getaucht, sprich in einer Landesschule unterrichtet.

Auf internationaler Ebene ist die späte Zweisprachigkeit relativ gut erforscht, was auf den Zweitspracherwerb des Deutschen im frühen Schulalter jedoch nicht zutrifft. Anders als beim doppelten Erstspracherwerb, können sich beim sukzessiven Zweitspracherwerb konfliktreiche Situationen entwickeln, insofern Zweisprachigkeit in der monolingualen Gesellschaft als Abweichung von der Norm und deshalb problematisch betrachtet wird. Das folgende Beispiel soll das veranschaulichen.

Marco ist ein sechsjähriger Chilene, der mit seinen Eltern vor einigen Monaten nach Frankreich gezogen ist. Die Eltern arbeiten für eine internationale Institution und sind auf unbestimmte Zeit nach Frankreich versetzt worden. Weder sie noch Marco sprechen

Französisch. Da es in der Nähe des Wohnortes der Familie keine spezielle Einrichtung für Ausländerkinder gibt, wurde Marco altersgemäß in die erste Grundschulklasse eingeschult und bekommt zusätzlich einige Stunden Französischunterricht von einer speziell ausgebildeten Lehrkraft. Nach Aussagen der Klassenlehrerin ist Marco ein schüchternes, verschlossenes Kind, das nicht am Unterricht teilnimmt. Als sie auch nach zwei Monaten keinen Fortschritt sieht, werden der Schulpsychologe sowie das Jugendamt zu Rate gezogen. Die dort tätige Kinderärztin beweist zum Glück eine gute Portion gesunden Menschenverstand und weist Lehrer und Psychologen darauf hin, dass sich kein Kind nach zwei Monaten Aufenthalt in einer anderssprachigen Schule zu einem aufgeweckten, bestens integrierten Kind mausern kann. Sie rät, Marco ein Jahr Wartezeit zu gewähren, indem man ihn die letzte Klasse der *école maternelle* besuchen lässt, wo er in einer weniger lernintensiven Umgebung erst einmal Grundkenntnisse in Französisch aufbauen kann.

Erste Kontakte mit der fremden Sprache

Mit sechs Jahren verfügt ein Kind bereits über ausgedehnte sprachliche und kognitive Fertigkeiten, es beherrscht alle Sprachfunktionen und -formen, die es ihm ermöglichen, diverse Gesprächspartner zu verstehen und sich ihnen gegenüber verständlich auszudrücken. Es kann seine Gedanken und Wünsche formulieren und sich dank des bisher erworbenen Wortschatzes differenziert ausdrücken.[86] Es hat auch eine Menge implizites Wissen erworben, was Wortformen und Satzstrukturen betrifft, und versteht grammatikalische Konzepte. Dieses bislang aufgebaute Sprachwissen wird beim Neuerwerb einer weiteren Sprache mit eingebracht.

Das nicht-deutschsprachige Kind, das mit sechs Jahren eingeschult wird, ohne vorher den Kindergarten besucht zu haben, ist gegenüber seinen Klassenkameraden im Nachteil, insofern man von ihm erwartet, in kürzester Zeit vom Sprachniveau (fast) null auf ein kognitiv anspruchsvolles (Schul-)Sprachniveau zu kommen.

Bildhaft ausgedrückt ist es so, als würde man von einem Auto erwarten, aus dem Stand mit Tempo 100 zu starten!

Die Aufgabe ist komplex: Es genügt nicht, wenn der Neuankömmling lernt, sich mit den anderen Kindern auf dem Schulhof zu verständigen, was in der Regel sehr schnell der Fall sein wird, er muss in möglichst kurzer Zeit ein zusätzliches Sprachregister in der Zweitsprache beherrschen, um immer komplexere Zusammenhänge und abstrakte Sachverhalte im Unterricht zu verstehen.

Auch wenn das anderssprachige Schulkind ein gutes Sprachniveau in seiner Erstsprache erreicht, also ein übertragbares Sprachwissen erworben hat, so ist es doch gegenüber den anderen Kindern im Hintertreffen, deren Sprachwissen sich mit ihrer Sprechfähigkeit deckt, da sie nur eine einzige Sprache besitzen.

Hinzu kommt, dass sich die Sprache eines Sechsjährigen ständig weiterentwickelt. Mit sechs Jahren hat man zwar ein komplexes Wissen und Können in der Muttersprache erreicht, aber trotzdem ist man weit vom Niveau eines Zwölfjährigen entfernt. Bis zum Alter von zwölf Jahren erwerben Kinder noch syntaktische Feinheiten und jede Menge Vokabular ihrer Erstsprache. Auch später ist der Wortschatz noch nicht vollständig. Sogar bei Erwachsenen hört der Lernprozess nicht auf, solange neue Kontexte hinzukommen, die wieder neue Begriffe und Formulierungen benötigen. So ist der Erstspracherwerb ein lebenslanger Prozess.

Beim Schuleintritt erweitert sich das sprachliche Können erheblich, indem die bis jetzt erworbenen Sprachfunktionen – Verstehen und Sprechen – durch zwei weitere Funktionen ergänzt werden: Lesen und Schreiben. Für das im Zweitspracherwerb befindliche Kind ist der Erwerb dieser neuen Funktionen eine weitere Herausforderung.

In den vorhergehenden Kapiteln haben wir uns mit der gesprochenen Sprache beschäftigt, die das Kleinkind erwirbt, um sich im Hier und Jetzt, mit seiner unmittelbaren Umgebung zu verständigen. Die Mutter um einen Keks bitten oder ein anderes Kind zum Spielen einladen sind Sprechakte, die sich auf konkrete Situationen beziehen und keine geistigen Anforderungen stellen. In den frühkindlichen Jahren kann die Zweitsprache, etwa im Kindergarten, schnell zur alltäglichen Umgangssprache werden und manchmal sogar die Erstsprache auf die schwächere Position verweisen.

Die Fähigkeit, die Zweitsprache als Kommunikationsmittel in alltäglichen Kontexten zu benutzen, erwerben auch ältere Kinder sehr schnell. Die Schwierigkeit des älteren Kindes liegt aber darin, dass von ihm erwartet wird, auch noch eine andere Sprachebene, die der anspruchsvolleren Unterrichtssprache und der Schriftsprache, in der Lerninhalte vermittelt werden, zu erreichen. Die formelle Schriftsprache ist kognitiv anspruchsvoll, denn der Sprecher oder Schreiber bedient sich der Sprache nicht nur, um seine Gedanken auszusprechen, sondern auch, um sie zu bearbeiten und weiterzuentwickeln.

Um diese Sprachkompetenz zu erreichen, genügt es nicht, deutsche Vokabeln zu lernen. Es gilt, sich das Wissen anzueignen, wie man die Wörter zu sinnvollen Sätzen aneinanderreiht und wie diese Sätze zu verwenden sind, um erfolgreich auf seinen Gesprächspartner einzuwirken, um zu überzeugen, zu bitten, zu erklären. Das sind die zusätzlichen Herausforderungen, die sich dem anderssprachigen Kind in der Grundschule stellen. Natürlich ist die dringende Frage der Eltern, wie ihr Kind möglichst schnell eine ausreichende Sprachkompetenz in der Zweitsprache erreichen kann, um mit den gleichaltrigen deutschen Schülern mithalten zu können.

Um diese Frage beantworten zu können, müssen wir uns fragen, ob und auf welche Weise sich beide Sprachen beeinflussen. Die Problematik besteht darin zu ermitteln, ob sich die zweite Sprache unabhängig von der ersten entwickelt, indem alle Sprach-Entwicklungsstufen neu durchlaufen werden oder ob sie auf dem bereits erworbenen Sprachwissen aufbaut.

Erwerbsstrategien

Man weiß heute, dass die Fähigkeit, eine Sprache intuitiv zu erwerben, ab dem Alter von sechs bis sieben Jahren nicht mehr abrufbar ist. Der angeborene Spracherwerbsmechanismus ist nicht mehr einsatzbereit, sodass andere mentale Ressourcen und andere Hirnareale eingesetzt werden, um den neuen Sprachcode zu entschlüsseln. Das konnte in neueren Studien, dank der Magnetresonanztomographie (fMRT) bildlich dargestellt werden. So konnte man feststellen, dass beim Zweitspracherwerb nach Vollendung des sechsten Lebensjahres andere Regionen in beiden Gehirnhälften aktiviert werden, um grammatikalische Informationen der Zweitsprache zu bearbeiten. Das Gehirn scheint demnach durchaus in der Lage zu sein, Ressourcen zu aktivieren, die ursprünglich für andere Aktivitäten bestimmt waren, um das nicht mehr abrufbare Sprachlernzentrum zu kompensieren.[87] Die aktivierten Areale der späten Zweisprachigen sind zudem individuell verschieden. Die unterschiedliche «Kompensierung» im Hirn der Spätlerner erklärt möglicherweise auch deren unterschiedliche Sprachkompetenzen.

Neuere Untersuchungen[88] zeigen darüber hinaus, je nach dem in der Zweitsprache erreichten Niveau, Unterschiede in der Sprachbearbeitung: mit fortschreitender Zweitsprachkompetenz verlagert sich die Verarbeitung in Richtung des Erstsprachzentrums! Das könnte bedeuten, dass mit zunehmender grammatikalischer Kompetenz die gleichen Areale die Sprachverarbeitung übernehmen, die für die Erstsprache zuständig sind. Allerdings fehlt es noch an Langzeitstudien, die diese Hypothese bekräftigen würden.

Andere, psychosoziale Faktoren, wie Motivation, Lernkontext und die Fähigkeit, unbekannte Wörter zu memorisieren, spielen bei der Art der Sprachverarbeitung ebenfalls eine Rolle. In einer älteren Studie bei Kindern, die Englisch als Fremdsprache erlernen sollten, konnte gezeigt werden, dass die Kompetenz beim späteren Fremdsprachenlernen bereits zwei Jahre vorher ersichtlich war. Die Kinder, die ein gutes phonologisches Gedächtnis hatten (sie konnten sich eine große Anzahl von Pseudowörtern merken), erwiesen sich beim Englischlernen zwei Jahre später als besonders kompetent.[89]

Interferenz und Transfer

Lernt ein englischer Muttersprachler leichter Deutsch als ein Franzose, Chinese oder Israeli? Tatsächlich ist die Ähnlichkeit zwischen den indogermanischen Sprachen Englisch und Deutsch größer als zwischen Englisch und einer romanischen Sprache wie Französisch oder einer semitischen Sprache wie Hebräisch. Was das Vokabular betrifft, können ähnliche Sprachen zwar leichter memorisiert werden – ein deutscher Muttersprachler merkt sich leichter das englische «hat» (Hut) als das französische «chapeau» – andrerseits kommt es bei ähnlich klingenden Wörtern und verschiedenen Bedeutungen auch leichter zu Verwechslungen.

In bestimmten Fällen wird beim Bilden von Sätzen in der Zweitsprache die Grammatikstruktur der Erstsprache als Ausgangsbasis benutzt. Das konnte man bei deutschen Kindern in englischer Sprachumgebung und bei englischsprachigen Kindern in deutscher Sprachumgebung zeigen.[90] In beiden Umgebungen bildeten die Kinder Sätze mit der Satzstruktur ihrer Erstsprache. Beim Erwerb von Deutsch als Zweitsprache durch französische Kinder zeigt sich ebenfalls, wie die Besonderheiten der französischen Grammatik sich in deutschen Sätzen wiederfinden, die nach dem französischen Satzbau gebildet werden. Die Satzstruktur unterscheidet sich im Französischen dadurch, dass das Verb nie vom Subjekt getrennt wird, völlig anders als beim deutschen Klammersatz, der das Verb ans Ende des Satzes rückt. «*Ich bin gegangen* in die Schule» (nach dem Modell: *je suis allé* à l'école), statt «*Ich bin* in die Schule *gegangen*», wäre so ein typischer, aus dem Französischen übertragener Satz. Derartige Satzbildungen stellen eine Übergangslösung während des Erwerbsprozesses der zweiten Sprache dar, die etwas später korrigiert wird. Natürlich ist der Laie geneigt, den Grund der Fehlstellung im «schlechten» Erlernen der Zweitsprache zu sehen. «Er macht viele Fehler», sagen Eltern oft, wenn ihr Kind gerade dabei ist, die zweite Sprache mit viel Energie und Freude zu erlernen. Interessanterweise hat man beobachtet, dass erwachsene Zweitsprachlerner die gleichen «Fehler» machen!

Dem jungen Anwärter auf Zweisprachigkeit fällt es natürlich leichter, diejenigen Formen in der neuen Sprache zu erkennen und zu entschlüsseln, die auch in seiner Erstsprache zu finden sind. So ist es einfacher, eine Frage als solche zu erkennen, wenn in beiden Sprachen der Ton am Satzende gehoben wird.[91] Ein Japanisch sprechendes Kind etwa, das Englisch als Zweitsprache lernt, hat große Schwierigkeiten mit dem bestimmten und unbestimmten Artikel (a, the, some), da das Japanische keinen Artikel kennt. Dies wäre für den spanischen Muttersprachler hingegen kein Problem, da seine Sprache ebenfalls Artikel aufweist.[92]

Während die Bildung bestimmter Grammatikformen in der Zweitsprache auf den in der Erstsprache erworbenen Kenntnissen aufbaut, gibt es andere Strukturen, die einem bestimmten Entwicklungsschema, unabhängig von der Erstsprache, folgen. Dies wurde bereits in den 1970er Jahren in einer amerikanischen Studie[93] anhand von Spanisch sprechenden Kindern in Kalifornien, New York und Mexiko gezeigt. Bei acht Grammatikstrukturen (u. a. das Plural-s, die Progressivform -ing usw.) durchliefen die Englischlerner in allen drei Gegenden dieselben Entwicklungsstufen, indem sie sich von den einfachen Strukturen zu den komplexeren durcharbeiteten. Die Forscher verglichen die Ergebnisse mit denen von chinesischen Englischlernern. Zu ihrem Erstaunen waren die «Grammatikfehler» der chinesischen Muttersprachler, die in Wirklichkeit die verschiedenen Etappen des Spracherwerbs kennzeichnen, identisch mit denen der Englischlerner mit Spanisch als Muttersprache. Genau dieselben «Fehler» machen übrigens auch Kinder beim Erwerb von Englisch als Muttersprache! Dies beweist, dass sich der Zweitspracherwerb, zumindest bei bestimmten Grammatikstrukturen, unabhängig von der Erstsprache entwickelt. Da jeder Spracherwerb der Entwicklung von einfachen zu komplexen Strukturen folgt, hat jede Sprache ihren ganz eigenen, vom Schwierigkeitsgrad der einzelnen Grammatikstrukturen bestimmten Lernrhythmus. Im Hocharabischen etwa ist der Erwerb der komplexen Pluralbildung beim monolingualen Kind erst mit zehn Jahren völlig abgeschlossen. Im Englischen dagegen wird der Plural durch -s (von Ausnahmen abgesehen) gebildet, und der betreffende Lernvorgang ist bei einem monolingualen Kind schon im Alter von drei Jahren abgeschlossen. Stellen wir uns jedoch ein Arabisch sprechendes Kind vor, das mit sechs Jahren beginnt, Englisch als Zweitsprache zu erlernen. Es beherrscht also noch nicht alle Pluralformen seiner Erstsprache, hat aber das Prinzip der Pluralbildung schon lange internalisiert. Folglich wird es den englischen Plural mit großer Wahrscheinlichkeit vor dem seiner Muttersprache beherrschen.

Die Frage der gegenseitigen Beeinflussung (der Interferenz) von Erst- und Zweitsprache ist schwer endgültig zu beantworten, zumal Untersuchungen bei gleichaltrigen Kindern und bei gleicher Erstsprache starke individuelle Schwankungen im Erlernen der Sprachstrukturen belegen.

Die Psycholinguisten Ellen Bialystok und Kenji Hakuta vergleichen den Zweitspracherwerb mit der Renovierung eines Hauses, während der Erstspracherwerb dessen Neubau entspreche.[94] Ein Haus könne man ein Leben lang renovieren, erklären sie, aber wie gut renoviert wird, hänge von unzähligen Faktoren ab. Beim Zweitspracherwerb nach dem sechsten Lebensjahr spielen deshalb außersprachliche Faktoren wie Motivation, gesellschaftliche Vorurteile sowie der Status von Erst- und Zweitsprache eine entscheidende Rolle bei der Art, wie das Kind an die Sprache herangeht und welches Kompetenzniveau es erreichen wird.

Das Bewahren der Zweisprachigkeit

Mit dem Eintritt in den Kindergarten, spätestens aber der Einschulung in die reguläre Grundschule, bekommt die Familiensprache Konkurrenz! Je nach Ansehen der Familiensprache, und je nachdem, wie die Lehrer auf die Zweisprachigkeit des Kindes reagieren, werden manche Eltern finden, dass es sich lohnt, weiter Englisch oder Französisch zu Hause zu sprechen. Andere wiederum werden sich vom allgemeinen Klima beeinflussen lassen und denken, dass Deutsch wichtiger und nützlicher ist als Türkisch, Afghanisch oder Vietnamesisch; sie werden also dazu übergehen, ihrem Erstklässler mehr und mehr auf Deutsch zu antworten.

Trotz des Booms der zweisprachigen Schulen, der Deutschland erfasst hat, kommen leider nur wenige Kinder aus mehrsprachigen Familien in den Genuss eines zweisprachigen Unterrichts. Durch das formelle Erlernen der deutschen Schriftsprache und die damit verbundenen Hausaufgaben hält die Zweitsprache Einzug in die Familie und macht der Familiensprache den Vorrang streitig. Meist sind es die Kinder, die keine Lust haben, den Eltern zu Gefallen die Familiensprache zu pflegen. Nach sechs Stunden Unterricht (bei Ganztagsschulen mehr) stehen Kinder unter dem Einfluss der Mehrheitssprache, die ihre ganze Energie und Aufmerksamkeit verlangt. In diesem Fall tritt die Familiensprache in den Hintergrund und es bedarf viel Überzeugungskraft und Fingerspitzengefühl, die jetzt «schwache» Sprache zu erhalten. Da alle bekannten Studien auf der Bedeutung der Erstsprache für die weitere Sprachentwicklung bestehen, wäre es jedoch ein großer Fehler, jetzt damit aufzuhören, weiter die Erstsprache zu sprechen.

Für ein Bonbon tut er alles!

Simone ist Deutsche und lebt mit ihrem französischen Mann in Paris. Sie hat einen dreijährigen Sohn, und obwohl sie konsequent Deutsch mit ihm spricht, antwortet Lucas ebenso konsequent immer auf Französisch. «Eines Tages wollte Lucas unbedingt von den Bonbons, die seine Großmutter mitgebracht hatte. Ich sagte ‹Nein› und blieb auch nach mehrmaligem Bitten standhaft. In seiner Verzweiflung tat Lucas etwas Außergewöhnliches, er rief laut auf Deutsch: ‹Ich möchte Bonbons!› Sie können sich nicht vorstellen, wie glücklich ich war, und ich muss gestehen, er bekam seine Bonbons!»

Es ist allerdings wichtig, dass die Erstsprache bei den verschiedensten Gelegenheiten der Verständigung dient, statt sich nur auf das Allernötigste, auf Alltägliches zu beschränken (etwa: «Mach deine Hausaufgaben», «Reich mir das Salz»). Es sollte alles daran gesetzt werden, dass die Erstsprache sich parallel zur Schulsprache entwickelt und bereichert wird – durch Geschichtenerzählen oder Vorlesen, im Dialog mit dem Kind, in Situationen, die das Gefühl der Geborgenheit und Vertrautheit mit den Eltern verstärken. Wohlgemerkt, mein Ziel ist es nicht, Eltern zu überzeugen, dass die Familiensprache wichtiger ist als die Landessprache – mir geht es vielmehr darum, dass beide Sprachen einen wichtigen Platz in der Familie einnehmen können. Wenn sich eine Familie für die Zweisprachigkeit entschieden hat, dann bedeutet das, dem durch die Schule zunehmenden Einfluss der Umgebungssprache entgegenzuarbeiten.

Die Sprache als Familienbesitz

Die Herkunftssprache ist für die Familie ein wertvolles Gut, das man pflegen sollte. Jede Sprache – ob nun international angesehen oder eine «Minderheitensprache» –, jede Sprache ist immer eine Bereicherung für den Menschen. Kognitiv hat der konstante Wechsel zwischen zwei verschiedenen Sprachsystemen einen positiven Einfluss auf den allgemeinen Lernprozess, und zwar ungeachtet der verwendeten Sprache, ob Kroatisch oder Französisch, Türkisch oder Englisch. Für die Persönlichkeitsentwicklung garantiert die Herkunftssprache den Erhalt der Familienbindung über die Grenzen hinweg. Wenn man sich mit den Großeltern oder den Cousins in der Heimat der Eltern verständigen kann, entwickelt man ein besseres Zugehörigkeitsgefühl, das wiederum das Selbstwertgefühl stärkt. Wer stolz auf das Herkunftsland seiner Eltern sein kann, deren Sprache er beherrscht, entwickelt ein gestärktes Selbstbewusstsein, das ihn den Kontakt mit der Sprache und Kultur der Mehrheitsgesellschaft als bereichernd erleben lässt.

Wenn eine mehrsprachige Familie in einem traditionell einsprachigen Land wie Deutschland die Zweisprachigkeit der Kinder erhalten will, so ist das in jedem Fall mit Mühe verbunden. Aufgabe der Eltern ist es, dem Druck der Mehrheitssprache und dem natürlichen Hang des Kindes entgegenzuwirken, sich im Strom der Umgebungssprache treiben zu lassen, sprich nur noch die «starke» Sprache zu benutzen. Sein Kind zweisprachig zu erziehen, bedeutet allerdings nicht, unter dem Vorwand, der Erstsprachverlust käme einem Identitätsverlust gleich, nur die Erstsprache zu pflegen und die Förderung der Mehrheitssprache zu vernachlässigen. Zweisprachige Erziehung bedeutet auch nicht, der Landessprache den Vorrang zu geben unter dem Vorwand, dass das Festhalten an der Herkunftssprache die Integration in die Aufnahmegesellschaft verhindert.

Die Besonderheit von Zweisprachigkeit – der auf mehr als einem Sprachsystem basierenden Sprachkompetenz – ist auch gleichzeitig ihre Schwierigkeit: konstant zwei Sprachsysteme aktiv zu erhalten, sodass jedes von beiden in allen Situationen abrufbar ist.

Die Familiensprache stärken

Marine lebt in der französischen Provinz Quebec, in Kanada, wo der Erhalt des Französischen ein politisches Anliegen ist. Was den Erhalt der französischen Sprache in der Familie betrifft, hat Marine eine klare Meinung. Für sie ist Französischsprechen so viel wie Schulpflicht: «Meine Tochter mag nicht jeden Tag in die Schule gehen, aber bei uns ist es die Regel, dass man jeden Tag in die Schule geht, ob man Lust hat oder nicht. Mit unserer schwachen Sprache ist es genauso: mit Mama wird Französisch gesprochen. Meine Tochter versteht auch nicht immer, warum sie Geographie lernen soll, aber ich weiß, dass es wichtig für sie ist. Genauso ist es mit Französisch.»

Anstatt Französisch zur Pflichtsprache zu Hause zu machen, hat sich Marianne für einen Trick entschieden, um die schwache Sprache der in Deutschland lebenden Familie lebendig zu erhalten: «Am wichtigsten ist für mich, dass die Kommunikation mit meinen Kindern nicht abreißt. Also wiederhole ich systematisch alles auf Französisch, was meine Tochter auf Deutsch zu mir sagt; das ist schon ziemlich anstrengend und frustrierend auf die Dauer. Was mich aber am Ball bleiben lässt, ist, dass sie ständig französische Wörter wiederholt, wenn sie eine französische Kindersendung im Fernsehen anschaut. Da sage ich mir, dass doch nicht alles umsonst ist!»

Natürlich stellt sich die Frage der Sprachwahl nicht für alle Eltern. Denen, die noch nicht oder kaum Deutsch sprechen, bleibt keine Wahl, als ihre gewohnte Sprache mit den Kindern zu benutzen. Doch verhält es sich oft so, dass sich die Eltern selbst im Lernprozess der Landessprache befinden; in diesem Fall fällt die Sprachtrennung besonders schwer. Diese Eltern sind dann oft geneigt, auch zu Hause das wenige Deutsch zu «üben», das sie gelernt haben. Folge davon ist die Bildung einer «interlanguage»,[95] die für die Kinder in keiner Weise hilfreich ist. Im Gegensatz zur kindlichen Mischsprache ist die «Zwischensprache» der Erwachsenen ein eigenes Sprachsystem, das sowohl Elemente aus der Erst- und Zweitsprache als auch eigene Sprachstrukturen aufweist. Es entsteht dadurch, dass sich erwachsene Zweitspracherwerber meist nach relativ kurzer Zeit mit den erworbenen Sprachkompetenzen zufriedengeben (sie verstehen und werden verstanden) und die Verbesserung ihrer sprachlichen Fertigkeiten vernachlässigen.

Wenn sich die Eltern selbst noch im Lernprozess befinden, ist es deshalb ratsam, weiterhin ausschließlich die Herkunftssprache zu Hause zu sprechen und alles zu tun, um diese auch weiter zu fördern. Das Erlernen der Landessprache sollte dann außerhalb der Familie stattfinden, durch häufigen Kontakt mit deutschsprachigen Kindern und, unausweichlich für Schulkinder, durch Unterricht von speziell ausgebildeten Lehrkräften. Es wäre jedenfalls unverantwortlich, die Vermittlung der Landessprache den Eltern oder der Straße zu überlassen!

Guter Rat

«Man muss sich der Situation anpassen. Eine zu einseitige, starre Haltung kann ein Kind dazu bringen, dass es bevorzugt nur noch mit der Person kommuniziert, die seine starke Sprache spricht. Verfügt ein Kind nicht über einen ausreichend großen Wortschatz in seiner schwachen Sprache, muss man ihm, so gut es geht, helfen. Mein schwedischer Mann und ich leben in Schweden und immer wenn mein Sohn ungefähr mit 18 Monaten etwas auf Schwedisch zu mir sagen wollte, sagte ich «Was?». Merkte ich, dass er das Wort im Deutschen nicht kannte, ließ ich ihn trotzdem zu Ende sprechen, ohne ihn zu korrigieren. Sagte er ein Wort auf Schwedisch, antwortete ich: ‹Ah, du meinst ... und deutsche Übersetzung›. Dann sagte er oft ‹Ja› und wiederholte das Wort auf Deutsch. Dann lobte ich ihn immer und sagte, wie stolz ich sei, dass er so gut Deutsch spreche. Sein Vater bestärkte ihn dann seinerseits, wie toll es doch sei, dass er mehrere Sprachen könne.»

Keinesfalls sollte aus der Sprache ein Streitobjekt werden, man kann aber versuchen, seine eigene Methode zu finden, um sein Kind zum Sprechen in der schwachen Sprache anzuregen.

Schule und Sprache

Kürzlich war in einem Magazin zu lesen: «Ausländerkinder 3 Schuljahre zurück».[96] Der Artikel basierte auf den Ergebnissen der letzten Pisa Studie, die dem deutschen Bildungssystem schwere Lücken in Sachen gleichberechtigter Bildungschancen für alle in Deutschland lebenden Kinder attestierte. Abgesehen davon, dass in Deutschland die Verbindung zwischen sozialer Herkunft und Bildungserfolg, verglichen mit anderen Ländern, besonders eng zu sein scheint,[97] wird besonders die «Beherrschung der deutschen Sprache auf einem dem jeweiligen Bildungsgang angemessenen Niveau»[98] als entscheidend für den Bildungserfolg angesehen und der Umstand mangelnder Beherrschung der Landessprache für den Misserfolg von Kindern mit Migrationshintergrund verantwortlich gemacht. Ein Blick über den nationalen Tellerrand, zu unserem nächsten Nachbarn Frankreich, zeigt, dass dort dank eines gut strukturierten Vorschulsystems nahezu alle anderssprachigen Kinder spätestens mit drei Jahren erste Kontakte mit der Landessprache haben. Bis zum Schuleintritt mit sechs Jahren ist also reichlich Gelegenheit, mittels gut geschulter Lehrkräfte die spätere Schulsprache zu erwerben. Allerdings ist eine schlechte personelle Ausstattung im Land der *école maternelle*, der «mütterlichen Schule», dafür verantwortlich, dass auch hier Mängel beim Erwerb der Zweitsprache Französisch zu erkennen sind.

In Deutschland, wo man sich bisher noch nicht für ein verbindliches Bildungsangebot entscheiden konnte und man die Erziehung und Bildung der Kinder bis zum Alter von sechs oder gar sieben Jahren den Eltern oder sehr disparaten Einrichtungen überlässt, kann sich die Erstsprache bis zum Schuleintritt relativ ungestört entwickeln. Befragungen über den Sprachgebrauch innerhalb der Familie von deutsch-türkischen Bürgern haben ergeben, dass mehr als die Hälfte der betreffenden Eltern mit ihren Kindern im Vorschulalter nur Türkisch spricht, während etwas mehr als ein Drittel beide Sprachen verwendet.[99] Im Klartext heißt dies, dass etwa die Hälfte der Kinder mit Migrationshintergrund bei der Einschulung in die erste Klasse nicht die nötigen sprachlichen Fertigkeiten besitzt, um dem Unterricht zu folgen! Der Zugang zur deutschen Sprache, bemerkt Ingrid Gogolin, ist «der Dreh- und Angelpunkt einer Schülerkarriere hierzulande. Und nach allem, was wir wissen, gelingt es den deutschen Schulen nach mehr als 40 Jahren Einwanderungsgeschichte immer noch nicht, Kindern, die nicht einsprachig in Deutsch aufwachsen, an diese Sprache so heranzuführen, dass ihre Chance auf besten Bildungserfolg genauso hoch ist wie die eines Kindes, das einsprachig mit Deutsch aufgewachsen ist.»[100]

So erleben in Deutschland geborene Kinder, die wegen der mangelnden Zweisprachförderung ihre Schülerlaufbahn mit dem Hindernis unzureichender Deutschkenntnisse beginnen, die gleiche Situation wie Kinder deutscher Eltern, die aus beruflichen Gründen auswandern und im Ausland mit einer fremden Sprache konfrontiert werden. In beiden Fällen ist das Kind darauf angewiesen, ohne die nötigen sprachlichen Mittel Zugang zu einem neuen Wertesystem zu finden, in dem der Wissenserwerb die oberste Priorität darstellt.

Was ist an der «Schulsprache» anders?

Im täglichen Umgang mit seinen Mitmenschen erwirbt jeder Mensch, unter normalen Umständen, die mündliche Sprachkompetenz in wenigstens einer Sprache, seiner «Muttersprache». Mimik, Gestik und Stimmlage, die im alltäglichen Kontakt die mündliche Rede begleiten, ermöglichen ein schnelles gegenseitiges Verständnis. Dank dieser «Begleitmusik» erwerben Kinder im Kontakt mit Gleichaltrigen schnell die grundlegenden interpersonellen Kommunikationsfähigkeiten[101] (in der Fachsprache *Basic Interpersonal Communicative Skills*) in der Zweitsprache.

Kommunikation findet auf verschiedenen Ebenen statt, von denen jede besondere Fertigkeiten erfordert. Der Großteil unserer alltäglichen Äußerungen ist geistig wenig anspruchsvoll, denn er bezieht sich auf das «Hier und Jetzt» (etwa: «Nimm den Regenschirm»). Es ist deshalb nicht erstaunlich, dass sich Kinder bestens verstehen, auch wenn keines die Sprache des anderen beherrscht:

alle Äußerungen sind unmittelbar aus dem Geschehen ablesbar. Das trägt übrigens dazu bei, dass ihre tatsächlichen sprachlichen Kompetenzen leicht überschätzt werden.

Wenn man seinen Nachbarn begrüßt oder sich nach dem Ergehen seiner Katze erkundigt, bedarf es keiner intellektuellen Anstrengung. Schon schwieriger wird es hingegen, wenn wir einen Text analysieren sollen oder einem philosophischen Vortrag folgen wollen. In diesem Falle werden unsere kognitiven Ressourcen beansprucht, um den Gedankengängen des Vortragenden folgen zu können.

Wie beim Erstspracherwerb erwirbt ein Kind auch die Zweitsprache zuerst im Umgang mit anderen Kindern und Erwachsenen. Beim Eintritt in die Schule wird ihm ein neues, anspruchsvolleres Sprachregister abverlangt, das sich deutlich von der auf dem Schulhof erworbenen Variante unterscheidet. Das Deutsch der Schule ist eine Fachsprache mit eigenen Gesetzmäßigkeiten. Kinder, die mit einer soliden Erstsprachkenntnis ihre Schülerlaufbahn beginnen, erwerben, darauf aufbauend, die neue, kognitiv-akademische Sprachkompetenz, die dann benötigt wird, wenn sich der Sinn nicht mehr aus der unmittelbaren Handlung ablesen lässt, sondern nur über das gesprochene oder geschriebene Wort zugänglich ist.

Kognitive Anforderungen

«Meine Frau ist Schwedin und lebt seit vier Jahren in Frankreich. Sie hat eine zehnjährige Tochter aus erster Ehe, die die französische Grundschule besucht. Brigitta spricht Schwedisch mit ihrer Mutter, die ihr Lesen und Schreiben auf Schwedisch beigebracht hat. Sie spricht gut Französisch, aber es fehlt ihr an Vokabular und in der Schule versteht sie oft die Anleitungen nicht. Außerdem fehlt ihr jeder Bezug zur französischen Geschichte, denn sie ist stark mit der schwedischen Kultur verbunden und verbringt zudem alle Ferien bei den schwedischen Großeltern. Auf Anraten der Lehrerin haben wir einen Sprachtherapeuten hinzugezogen, der aber keinerlei sprachliche Probleme bei ihr festgestellt hat. Die Schule weigert sich, ihr zusätzlichen Französischunterricht zu geben, denn sie spreche gut Französisch. Der Sprachtherapeut hat uns mehr oder weniger geraten, die schwedische Seite ein wenig beiseite zu lassen, damit sich Brigitta mehr auf die französische Sprache und Kultur konzentrieren kann. Meine Sorge ist nun, wie ich ihr Französisch fördern kann, ohne sie von der Sprache und Kultur ihrer Mutter zu entfremden.»

Die mangelnde Vorbereitung auf die Schule, die eigentlich im Kindergarten stattfinden sollte, hat zur Folge, dass für eine erhebliche Zahl von Kindern schon der Schulstart mit einem Handikap beginnt. Schätzungen zufolge hat jedes dritte Kind in der Bundesrepublik (in städtischen Ballungsgebieten sogar 40 Prozent) einen Migrationshintergrund.[102] Aber auch viele deutschsprachige Kinder kommen mit einem begrenzten Wortschatz in die Schule, entweder weil sie aus kulturfernen Familien oder aus solchen stammen, in denen Sprache an sich keinen hohen Wert hat.

Nur wenn das im Deutschen fehlende Vokabular durch einen ausreichenden Wortschatz in der Erstsprache kompensiert wird – unabhängig in welcher Sprache – und wenn die Erstsprache trotz Schuleinstiegs weiterhin gefördert wird, können sich die geistigen Fähigkeiten entfalten, die das Fundament für die Wissensvermittlung durch die Schule bilden.

Um allen in Deutschland aufwachsenden Kindern annähernd ähnliche Startchancen zu geben, müsste dringend ein verbindliches Konzept der frühkindlichen Sprachförderung erarbeitet und in die Tat umgesetzt werden. Alain Bentolila, ein für seine Arbeiten über Analphabetismus bekannter französischer Sprachwissenschaftler, betont die Bedeutung des gesprochenen Wortes als Grundlage für alles weitere Lernen: «Mündliche Sprachgewandtheit ist der Ausgangspunkt jedes Bildungserfolgs und damit auch des sozialen Aufstiegs. Ohne die gesprochene Sprache zu beherrschen gibt es keinen Zugang zur Schriftsprache, ohne die mündliche Sprachgewandtheit keine Chance zur sozialen Integration.»[103]

Das bilinguale Kind, das die Schule mit einer für sein Alter ungenügenden ‹mündlichen Sprachgewandtheit› in seiner Muttersprache antritt, bringt äußerst ungünstige Voraussetzungen mit. Wie schon bemerkt, wird es zwar innerhalb von wenigen Wochen das umgangssprachliche Deutschniveau seiner Klassenkameraden erreichen, sodass der Eindruck entsteht, es gebe keinen Unterschied zu den deutschsprachigen Kindern. «Er redet wie ein Wasserfall auf dem Schulhof», berichten die Lehrer, «Er versteht sich sehr gut mit den Nachbarskindern», stellen die Eltern fest. Und doch, was Lehrer und Eltern sehen und hören, ist eine «Sprachfassade», wie es der kanadische Sprach- und Erziehungswissenschaftler Jim Cummins nennt. Diese wird innerhalb von wenigen Wochen aufgebaut und ist deshalb gefährlich, weil sie das Fehlen eines soliden Sprachgebäudes verbirgt. Die offensichtliche Mühelosigkeit des Zweitspracherwerbs betrifft nur die untere, unmittelbare Sprachebene, während der Aufbau der abstrakten, dekontextualisierten Sprache der Wissensvermittlung und des Wissenserwerbs mehrere Jahre dauert.

Lesen und Schreiben

Eine doppelte Herausforderung stellt sich dem anderssprachigen Kind zum Schulbeginn: zum Erwerb der Umgangssprache kommt das Erlernen der Schriftsprache, in ihrer gesprochenen und geschriebenen Form, hinzu.

Während britische und französische Kinder in der Vorschule mit dem Schreibenlernen beginnen, kann es in Deutschland noch vorkommen, dass jegliches Buchstabenerkennen oder -schreiben dem Kind bislang vorenthalten wurde.

Die Hauptschwierigkeit des Lesenlernens bei anderssprachigen Kindern besteht darin, dass sie die Regeln der graphischen Darstellung einer Sprache zu lernen haben, deren mündlichen Ausdruck sie nicht oder ungenügend beherrschen. Bei einem meiner Vorträge vor französischen Kinderärzten zeigte sich ein Teilnehmer darüber sehr erstaunt. Seiner Meinung nach befinden sich auch die französischen Kinder der ersten Klasse in derselben Situation: sie alle können nicht lesen!

Ist Lesenlernen aber tatsächlich unabhängig von der gesprochenen Sprache? Beim Lesenlernen erwirbt das Kind eine vollkommen neue, äußerst wirkungsvolle Methode, die umgebende Welt darzustellen. Es muss lernen, dass ein Laut (ein Phonem) durch einen Buchstaben oder eine Buchstabengruppe (ein Graphem) repräsentiert werden kann. Es lernt, dass sich ein Bild, das man im Kopf hat, durch eine Folge von Graphemen, ein Wort, auf einem Blatt Papier darstellen lässt. Es lernt auch, dass die graphische Darstellung des mentalen Bildes (zum Beispiel «Auto») nach bestimmten Regeln der Rechtschreibung geschieht.

Worterkennung und mündliches Verstehen gehen dem Leseprozess voraus. Seit Beginn des Spracherwerbs ist das menschliche Gehirn damit beschäftigt, gehörte Lautfolgen mitsamt ihren Bedeutungen zu verarbeiten und zu speichern. Dieser Wortfundus reichert sich in den ersten Jahren rapide an, sodass ein sechsjähriges Kind einen Wortschatz von ungefähr 3000 aktiven Wörtern (die von ihm benutzt werden) und einen passiven Wortschatz von 8000 Wörtern besitzt (die es versteht, aber nicht verwendet).

Eine wichtige Voraussetzung zum Verständnis des alphabetischen Codes ist die phonologische Bewusstheit, deren Bedeutung in den letzten 20 Jahren in zahlreichen, verschiedene Sprachen betreffenden Untersuchungen hervorgehoben wurde. Um Sprachlaute in Buchstaben umsetzen zu können, muss das Kind erst einmal imstande sein, ein Wort in phonologische Einheiten zu zerlegen. Für die gesprochene Sprache genügt es, ein Wort wie «Wein» und «Bein» lautgemäß unterscheiden zu können und seine Bedeutung zu kennen. Aber man kann in der Sprachanalyse noch weitergehen und erkennen, dass die beiden Wörter sich reimen, dass jedes aus einer Silbe besteht und dass sie sich durch ein Phonem /b/ – /w/ unterscheiden. Ähnliche, auf das Lesenlernen vorbereitende Wortanalysen gehören zum Programm der französischen Vorschule. Die Sprachbewusstheit der Kinder wird dort aktiv gefördert und stellt eine wichtige Etappe im Alphabetisierungsprozess dar.

Die phonologische Bewusstheit ist allerdings nicht die einzige Voraussetzung, um Lesen zu lernen. Ebenso wichtig ist es, durch regelmäßigen Kontakt mit Bilderbüchern und durch Vorlesen den Umgang mit der Schriftsprache im weitesten Sinne zu fördern.

Monolinguales und bilinguales Lesenlernen

Kinder, die in der Vorschule in den Alphabetisierungsprozess eingeführt werden, lernen im Allgemeinen, Buchstaben zu erkennen und Bildern zugeordnete Wörter zu «lesen». Frühes und sehr frühes Lesenlernen ist eine beliebte Beschäftigung in Elite-Kindergärten in New York oder Paris.

Die amerikanische Psychologin Ellen Bialystok[104] hat einen Test mit 137 Kindern durchgeführt, um herauszufinden, inwieweit Vier- und Fünfjährige in der Lage sind, den Symbolwert eines geschriebenen Wortes, genau wie den eines Bildes, zu erkennen. Die getesteten Kinder waren entweder zweisprachig (englisch-französisch oder englisch-chinesisch), die Kontrollgruppe war einsprachig englisch. Die Kinder bekamen zuerst Bildkarten (z. B. das Bild eines Hundes) zu sehen, unter die jeweils eine Wortkarte mit dem geschriebenen Wort «Hund» gelegt war. Anschließend wurden die Wortkarten willkürlich unter die Bildkarten verteilt, sodass Wort und Bild nicht übereinstimmten. In der Gruppe der zweisprachigen Kinder «lasen» doppelt so viele wie in der monolingualen Kontrollgruppe das Wort richtig, auch wenn es dem falschen Bild zugeordnet war. Das erbringt den Beweis, dass zweisprachige Kinder sehr früh ein Bewusstsein dafür entwickeln, dass das bedeutungstragende Element das Wort ist und nicht das Bild. Sie erkennen früher als einsprachige Kinder die Willkür der Verbindung von mentaler Bedeutung (dem Bild) und dem geschriebenen Wort, denn sie sind es gewöhnt, dass einem mentalen Bild in jeder Sprache ein anderes Wort zugeordnet ist.

Viele Eltern zweisprachiger Kinder stellen sich die Frage, in welcher Sprache ihr Kind zuerst Lesen lernen soll. Wir haben bereits die Schwierigkeiten angesprochen, die ein Kind erwarten, das mit geringen Deutschkenntnissen eingeschult wird und in einer ihm nicht geläufigen Sprache die Schriftsprache erlernen soll. In Fachkreisen ist oft zu hören, dass der Leseprozess erst in einer Sprache eingeleitet werden sollte, vorzugsweise in der am besten ausgebildeten, da ein ausgedehnter Wortschatz das Erkennen des geschriebenen Wortes erleichtert. Tatsächlich wird meist nach dem Prinzip der Vorsicht vorgegangen, indem man Eltern rät, ihr Kind zuerst in der Schule das Lesen lernen zu lassen und mit dem Lesen in der Familiensprache ein bis zwei Jahre später zu beginnen. Das Hauptargument dafür ist, dass der Lesemechanismus völlig andere kognitive Fähigkeiten voraussetzt als der des Spracherwerbs. So wird der Leseprozess nicht durch gegensätzliche Anweisungen gestört, wenn dieselbe graphische Darstellung eines Wortes in jeder Sprache anders ausgesprochen wird:

Das geschriebene Wort «H-U-T» zum Beispiel wird auf Deutsch /hu:t/, auf englisch /hat/ ausgesprochen. Gleichzeitiges Lesenlernen in zwei Sprachen bedeutet, dass das Kind erkennen muss, dass zwei Lauten (dt. /u:/ und engl. /a/) in ihm bekannten Wörtern, dt. «Hut», engl. «hut» (Hütte), dasselbe graphische Zeichen «u» entspricht. Der Lernprozess ist noch komplexer, wenn gleichzeitig zwei verschiedene Schreibweisen für denselben Ton gelernt werden sollen, und kann für manche Kinder irreführend sein.

Die sukzessive Alphabetisierung in zwei Sprachen wird in zahlreichen bilingualen Klassen angewandt, so zum Beispiel in den staatlichen Europaschulen Berlins, wo die Kinder in der ersten Klasse in ihrer Muttersprache alphabetisiert werden und erst im zweiten Jahr in der Partnersprache zu lesen beginnen.

Es gibt aber auch eine pädagogische Richtung, die das gleichzeitige Lesenlernen in zwei Sprachen vertritt.[105] Die Befürworter der Simultanmethode argumentieren, dass durch angemessene pädagogische Maßnahmen die metasprachliche Bewusstheit der Kinder gerade durch das Lernen der Unterschiede zwischen zwei Sprachen geweckt wird. In Frankreich wird die simultane Alphabetisierung etwa in Pariser Privatschulen sowie in den bilingualen Schulen in Elsass-Lothringen praktiziert.

Eine weitere pädagogische Richtung beruht auf der Alphabetisierung in der neu erlernten Zweitsprache. So werden in Kanada seit mehr als 30 Jahren englischsprachige Kinder in sogenannten Immersionsschulen auf Französisch unterrichtet und nach einem Jahr Immersion (in der Vorschule) auch in dieser Sprache alphabetisiert. In den kanadischen Immersionsschulen erwerben die Kinder einen additiven Bilingualismus, da es sich bei der Mehrheitssprache Englisch und der Zweitsprache Französisch um

Sprachen mit gleich hohem Status in der Gesellschaft handelt. In solchen Situationen des additiven Bilingualismus scheint es möglich, bei entsprechender Methode, die Kinder in einer Sprache zu alphabetisieren, in der sie keinen extensiven Wortschatz besitzen.[106] Die Sprachwahl (starke oder schwache Sprache) scheint in diesem Fall, der langjährigen Erfahrung des kanadischen Modells zufolge, eine erfolgreiche Alphabetisierung nicht zu beeinträchtigen.

Entwicklung von Schriftlichkeit

Ausschlaggebend für den Lernerfolg der Kinder in den Immersionsschulen ist, wie sich gezeigt hat, die Zeitspanne, die ein Kind auf das Lesen verwendet. Die spätere Schriftkultur, der Umgang mit Schriftsprache im weitesten Sinne (die Schriftlichkeit oder Literalität), ist eindeutig vom ausgedehnten Kontakt mit der geschriebenen Sprache vor und während des Alphabetisierungsprozesses abhängig. Durch intensives, regelmäßiges Lesen wird der Wortschatz erweitert; ein reicher Wortschatz erhöht wiederum die Lese- und Schreibkompetenz. So wird Wissen erworben, die Ausdrucksfähigkeit verbessert, das Textverständnis gefördert und allgemeine kognitive Fähigkeiten entwickelt.

Nach dem Prinzip der Interdependenz der Sprachen, das Jim Cummins geprägt hat, ist das in einer Sprache erworbene Wissen auch in der anderen Sprache zugänglich. Deshalb fördert häufiges Lesen in einer Sprache die Literalität in beiden Sprachen. Das bedeutet zum Beispiel, dass in einer englisch-japanischen Schule in Japan die Alphabetisierung in Englisch nicht nur die Lesekompetenz in dieser Sprache entwickelt, sondern dass gleichzeitig eine übergreifende, sprachlich-konzeptuelle Fertigkeit gefördert wird, von J. Cummins «Common Underlying Proficiency» genannt, die ihrerseits die Lesefertigkeit im Japanischen verbessert. In anderen Worten, die übergeordnete sprachlich-konzeptuelle Fertigkeit ermöglicht den Transfer kognitiver Fähigkeiten und der Lesekompetenz von einer Sprache in die andere. Dank dieser Fähigkeit ist es für einen Zweisprachigen kein Problem, einen auf Dänisch gelesenen Text seinem französischen Gesprächspartner in dessen Sprache wiederzugeben.

Was man in einer Sprache lernt ...

«Ich habe gewartet, bis mein Sohn Deutsch lesen konnte, bevor ich anfing mit ihm auf Französisch zu lesen. Zuvor hatte ich mich noch bei der Lehrerin versichert, dass er keine Lernprobleme hatte. Nachdem ich auch noch grünes Licht von der Lehrerin hatte, war ich bereit, mit dem Französischlesen zu beginnen. Zu meinem großen Erstaunen konnte er es schon! Ich habe immer noch nicht verstanden, wie das geschehen konnte, er muss es sich selbst irgendwie beigebracht haben. Natürlich machte er anfangs einige Aussprachefehler, aber das hat sich sehr schnell erledigt.»

Ich werde oft von im Ausland lebenden Eltern gefragt, wie sie ihrem Kind das Lesen in seiner Erstsprache beibringen sollen. Aus Angst, ihr Kind könne beim Auslandsaufenthalt den Anschluss an das französische Lernprogramm verlieren, greifen manche gern selbst zu Buch und Stift. Der Befürchtung der Eltern liegt die Auffassung zugrunde, dass das in der Schul- und Landessprache Erlernte nur in dieser Sprache zugänglich ist. Wenn man sich jedoch an das Prinzip des Lerntransfers erinnert, von dem bereits die Rede war, so besteht kein Grund zur Beunruhigung. Das bestätigt eine Erhebung bei Schülern in der belgischen Stadt Liège (Lüttich), in der mehrere Grundschulen an einem englischen Immersionsprogramm teilnehmen. Die Immersion in Englisch beginnt im Alter von fünf Jahren in der Vorschule. In der ersten Klasse lernen die Kinder Lesen und Schreiben in Englisch. In der zweiten Klasse beginnen sie in ihrer Muttersprache Französisch zu lesen, während Schreiben und Rechtschreibung erst ein Jahr später, in der dritten Klasse, eingeführt wird. Alle an dem Programm teilnehmenden Kinder werden regelmäßig von Forschern der Universität Liège getestet.[107] Bei den 150 Sieben- bis Zwölfjährigen wurden die Lesefertigkeiten sowie das Textverständnis in Französisch untersucht und die Ergebnisse mit denen von einsprachigen Kindern in monolingualen Klassen verglichen. Der einzige Unterschied, den man feststellen konnte, betrifft den Leserhythmus. Zu Beginn des Lernprozesses in ihrer Muttersprache Französisch gehen die Kinder aus der englischen Immersionsklasse von der englischen Graphem-Phonemverbindung aus, da sie die ersten Schritte in der Schriftsprache Englisch hinter sich haben. Sie zögern deshalb anfänglich beim Lesen, bis sie merken, dass sie sich im französischen Schriftsystem befinden und sich dann dementsprechend korrigieren. Daher ist ihr Leserhythmus etwas langsamer als der der einsprachigen Kinder. In Bezug auf die phonologische Bewusstheit sind die Immersionsschüler den Einsprachigen aber von Anfang an überlegen.

Das Schulprogramm in Belgien wie auch das in Kanada belegen, dass das in einer Sprache Gelernte in die andere Sprache übertragen wird, ohne dass ein neuer Lernprozess durchlaufen werden muss.

In Anbetracht der kognitiven Fertigkeiten, die beim Lesenlernen erforderlich sind, kann man die schwierige Situation eines anderssprachigen Kindes verstehen, das nicht die Gelegenheit hatte, die nötige phonologische Bewusstheit sowie die Literalität zu entwickeln, die Voraussetzungen einer erfolgreichen Alphabetisierung sind. Wenn dieses Kind darüber hinaus auch noch innerhalb einer monolingualen deutschen Schule in die Landessprache nicht immersiert (eingetaucht), sondern submersiert (untergetaucht) wird, sind die Voraussetzungen für ein erfolgreiches Lernen denkbar ungünstig. Von Submersion spricht man, wenn ein nicht-deutschsprachiges Kind in der Mainstream-Klasse eingeschult wird, ohne dass das in seiner Sprache erworbene Wissen in den Lernprozess einbezogen würde.

Mit der Einschulung in die Mainstream-Schule wird die Erstsprache auf den alltäglichen Gebrauch in der Familie reduziert und die Weiterentwicklung komplexer Sprachkompetenzen unterbunden. Die subtraktive Wirkung der starken, da Landes- und Schulsprache führt zum subtrahierten Bilingualismus. Nach Meinung von Fachleuten stellt dies für Kinder mit Migrationshintergrund ein absolutes Hindernis auf ihrem Bildungsweg dar. Um dieses Hindernis zu verkleinern, wäre die Förderung sowohl der Erst- als auch der Zweitsprache über einen genügend langen Zeitraum hinweg unbedingt erforderlich.[108]

Welche Schule für das zweisprachige Kind?

Mit dem Eintritt in die Grundschule beginnt für alle zweisprachigen Kinder eine entscheidende Phase, denn die Wahl des Schultyps wird über die weitere Entwicklung ihrer Zweisprachigkeit entscheiden. Der Wunsch vieler Eltern dürfte die Beibehaltung der Kompetenzen in beiden Sprachen sein. Die Kompetenzverteilung in beiden Sprachen wird sich innerhalb kurzer Zeit dahingehend ändern, dass die Landessprache, hierzulande Deutsch, sich zur stärkeren Sprache auch bei den Kindern entwickelt, die bisher in der Familiensprache kompetenter waren. Der Wandel findet schneller statt, wenn Kinder eine Ganztagsschule besuchen, aber auch bei kürzeren Schulzeiten ist gegen die Dominanz der Schulsprache nicht anzukommen. Das liegt auch daran, dass diese beim Lesenlernen durch die Bildung neuer neuronaler Netzwerke im Gehirn besser gefestigt wird als die nur mündlich benutzte Familiensprache.

Wenn eine Familie nach Deutschland zugewandert ist oder wenn deutsche Eltern aus beruflichen Gründen für eine bestimmte Zeit ins Ausland ziehen, so haben sie meist keine andere Wahl, als der Schule zu vertrauen, dass sie ihrem Kind die Landessprache beibringt. Es wird allgemein angenommen, dass ein Kind eine neue Sprache umso schneller lernt, je intensiver es mit ihr in Kontakt ist. Deshalb meinen viele Eltern, ein intensives «Sprachbad» in der neuen Sprache wäre der beste Weg zur schnellen Zweisprachigkeit. Das kann man allenfalls noch vertreten, wenn der Sprachkontakt im Kindergarten stattfindet, wo die neue Sprache im gemeinsamen Spiel, gleichsam nebenbei, vermittelt wird. Der spielerische, intuitive Erwerb der Zweitsprache ist nicht mehr möglich, wenn diese gleichzeitig auch das Unterrichtsmedium ist. Für Kinder, die sich in der Schule mit einer ihnen unbekannten Sprache auseinandersetzen müssen, ist eine bilinguale Schule natürlich der ideale Weg, sich die Zweitsprache anzueignen. Idealerweise wird dort zuerst die Erstsprache als Unterrichtsmedium benutzt und allmählich an die Zweitsprache herangeführt.

Es ist erwiesen, dass Kinder bei dieser Unterrichtsart die Zweitsprache besser erlernen und außerdem gleichzeitig ihre Erstsprachkompetenzen ausbauen. Leider sind bilinguale Schulen dieser Art in Deutschland eine Ausnahme.

Wenn kein bilingualer Zweig zur Verfügung steht, kann es manchmal von Vorteil sein, dem Kind wenigstens ein Jahr Zeit zu lassen, damit es in der Vorschule in entspannter Atmosphäre erste Kontakte mit der Sprache machen kann. Von Fall zu Fall sollte entschieden werden, ob man dem Spracherwerb mit Jüngeren oder der Einschulung mit Gleichaltrigen den Vorrang gibt. Wenn die Einschulung in die erste Klasse der regulären Schule unumgänglich ist, so muss parallel zum Regelunterricht intensiver Sprachunterricht in Deutsch vorgesehen sein.

6. Die Bewahrung der Zweisprachigkeit

Zweisprachigkeit in Gefahr

«Ich sehe mich mit meinem Sohn nicht Englisch reden, das ist nicht meine Muttersprache, außerdem habe ich natürlich einen deutschen Akzent. Die Mehrheitssprache lernt man in der Schule, auf der Straße, mit Freunden, im Fernsehen ... Die schwache Sprache verfügt nicht über diesen Königsweg, um bewahrt zu werden. Sie weiterzuentwickeln (indem man sich nicht mit dem Mündlichen begnügt, sondern auch die Schriftsprache erlernt) ist wie jeden Tag Bergsteigen – schwer, aber nicht unmöglich. Man braucht sich nicht abzuhetzen, man muss schrittweise vorgehen. Immer weiter nach oben, jeden Tag ein bisschen mehr. Jedenfalls habe ich den Eindruck, dass ich meinem Sohn ein tolles Geschenk mache. Er hat dieses unverschämte Glück, zweisprachig zu sein und vor allem auch zwei Kulturen zu haben. Vielleicht wird er später eine Sprache vorziehen, vielleicht wird er als Jugendlicher nicht mehr Deutsch sprechen wollen, das wird dann aber seine Entscheidung sein.»

Wie wir gesehen haben, ändert sich das Sprachenverhältnis, sobald das Kind die Schule besucht. Die Schulsprache wird schnell zur starken Sprache, während die Erstsprache immer mehr in den Hintergrund gedrängt wird, und das umso eher, insofern es sich nicht um eine internationale Verkehrssprache handelt. Wenn sie aus der Schule kommen, sprechen auch die Kinder zu Hause immer mehr die Umgebungssprache, und oft gehen auch die Eltern dazu über, in der Hoffnung, ihr Kind beim Erlernen der Schulsprache zu unterstützen. Manchmal folgen sie auch nur den Ratschlägen von Pädagogen oder anderen Fachleuten, die sie dazu ermuntern.

Wenn sich Eltern in einer Sprache ausdrücken, die sie nur mittelmäßig beherrschen, bedeutet der Sprachwechsel auch einen Autoritätsverlust, denn es ist schwer, in Erziehungsfragen seinem Kind gegenüber glaubhaft zu wirken, wenn man nicht sehr sprachgewandt ist. Schon aus diesem Grund ist es ratsam, die Erstsprache weiter zu pflegen. Zahlreichen Forschungsergebnissen zufolge garantiert ein gutes Sprachniveau in der Muttersprache den Erwerb von guten Sprachkompetenzen in der Zweitsprache, während der abrupte Sprachwechsel die gesamte kognitive Entwicklung des Kindes beeinträchtigt.

Betrachten wir den fünfjährigen Felipe, der mit seinen Eltern aus Argentinien eingewandert ist und nur seine Muttersprache spricht. Zu Hause wird Spanisch gesprochen, Felipe bekommt Geschichten erzählt, Bücher vorgelesen, die Eltern sprechen viel mit ihm. Felipe besucht einen deutschen Kindergarten, in dem Pädagogen ihn beim Deutsch-Erwerb unterstützen. Jedes Mal, wenn er nach Hause kommt, erzählt er seiner Mutter, was er gebastelt, gehört und gesehen hat, die Mutter geht interessiert auf seine Erzählungen ein und lässt sich davon inspirieren, um neue Spiele – auf Spanisch – zu erfinden. Auf diese Weise bilden die muttersprachlichen Fertigkeiten den Nährboden für die Zweitsprache, die sich parallel zu einem hohen Kompetenzniveau entwickeln wird: Felipe wird innerhalb kurzer Zeit eine additive Zweisprachigkeit entwickeln.

Wird hingegen die Entwicklung der Erstsprache abrupt unterbrochen, bevor eine kognitiv anspruchsvolle Sprachebene ausgebildet werden konnte, dann hat die Zweitsprache keine solide Basis, um sich zu entfalten. Anders ausgedrückt, wenn Eltern aufhören, in ihrer Muttersprache mit ihrem Kind zu sprechen, in der Hoffnung, durch den Sprachwechsel die zweite Sprache zu unterstützen, wird gerade dadurch der Erwerb der Zweitsprache in Frage gestellt!

Der Preis der Integration

Lena ist russischer Abstammung und lebt seit mehreren Jahren in Deutschland. Sie kommt aus Kasachstan, wohin Stalin nach dem Krieg zahlreiche Deutschrussen deportiert hatte, die sich einige Jahrhunderte vorher an der Wolga niedergelassen hatten. Lenas Mann ist einer von ihnen. Er hat in einer Kleinstadt in Schleswig-Holstein Arbeit gefunden.

Die oberste Priorität bei der Ankunft der Familie war, Deutsch zu lernen, um sich zu integrieren, um von den Nachbarn akzeptiert zu werden, von den anderen Eltern in der Schule, von den Arbeitskollegen, in den Geschäften. Lena machte einen Sprachkurs und sprach auch zu Hause mit ihren Kindern Deutsch. Sie machte schnell Fortschritte und konnte einigermaßen in ihrer neuen Heimat Fuß fassen.

Der Preis der Integration: Ihr ältester Sohn (12), der in Kasachstan geboren ist, versteht Russisch, spricht es aber nicht. Der jüngere Sohn (9) versteht die Sprache seiner Eltern nicht. Jetzt, da die Integration keine Priorität mehr für sie ist, fragt sich Lena, wie sie den Verlust ihrer Muttersprache bei ihren Kindern wieder gutmachen kann.

Kann man seine Muttersprache vergessen?

«Meine Tochter ist sechs, ich bin Französin und mein Mann ist Däne. Claire ist in Dänemark geboren und ihre ersten Worte sagte sie auf Dänisch. Als wir nach Frankreich gezogen sind, war sie drei. Nach einem Jahr in der französischen Vorschule hatte sie bereits alle Wörter vergessen, die sie im Dänischen kannte!»

Eine Frage beschäftigt Wissenschaftler und Mehrsprachige gleichermaßen: Kann man die Sprache, die man als Kleinkind sozusagen mit der Muttermilch aufgesogen hat, kann man seine «Muttersprache» vergessen?

Dahinter steht die Sorge all jener, die fern von ihrem Geburtsland leben und deren starke Sprache die ihrer neuen Heimat geworden ist. Sie sprechen ihre «Muttersprache» nur noch gelegentlich mit Familienmitgliedern oder bei Telefongesprächen mit Angehörigen. Sie stellen fest, dass sie dann immer öfter nach Worten suchen und es ihnen immer häufiger passiert, ein Wort aus der Umgebungssprache «einzudeutschen», um sich dann im Telefongespräch etwa mit deutschen Verwandten sagen zu lassen: «Also, so sagt man das nicht auf Deutsch!» Diese erste Etappe des Sprachverlusts (Wissenschaftler sprechen von «Attrition») kann sich weiter ausdehnen, bis hin zur Unfähigkeit, Sätze zu bilden.

Zahlreiche Studien zeigen, dass der Sprachverlust in engem Zusammenhang mit dem Alter steht, in dem die Sprache erlernt wurde, wobei die Pubertät eine Schlüsselposition einzunehmen scheint. Wenn ein Kind in frühen Jahren sehr intensiv einer Zweitsprache ausgesetzt war und die Erstsprache nur wenig gesprochen wurde, dann ist nicht auszuschließen, dass die zuerst erworbene Sprache vergessen wird. Wird aber die Erstsprache bis zur Pubertät aktiv erhalten, dann stehen die Chancen gut, dass sie auch nach jahrzehntelangem Kontakt mit einer Zweitsprache nicht mehr vergessen wird.

> «Was mich wundert, ist, wie schnell die Muttersprache ‹wackelig› wird. Meine Tochter ist ja erst mit fünf Jahren nach Deutschland gekommen, ohne Deutschkenntnisse und nach sieben Monaten Kindergarten spricht sie fast nicht mehr Französisch mit uns. Und vor ein paar Tagen sind mir die ersten grammatikalischen Fehler aufgefallen, die es bis jetzt nicht gab. Ich habe immer gedacht, was man einmal in der Muttersprache gelernt hat, das hat man für immer gelernt, es bleibt erhalten, aber anscheinend ist das nicht der Fall. Deswegen machen wir uns auch langsam Gedanken, wie man das Französisch erhalten und weiterhin pflegen könnte.»

Das Eintauchen in eine andere Sprache bringt zwar ein neues Sprachenverhältnis mit sich, es bedeutet allerdings nicht in allen Fällen den Verlust der Erstsprache. Der ist, abgesehen vom Alter, in welchem der Kontakt stattgefunden hat, auch von anderen Faktoren abhängig. Im Attritionsprozess der Muttersprache spielt deren Stellenwert im Gastland ebenso eine Rolle, wie das eigene Verhältnis zur Muttersprache. Auch ein durch außergewöhnliche Ereignisse hervorgerufener emotionaler Stress (eine Verfolgung zum Beispiel) kann den Verlust der Erstsprache beschleunigen.[109] Eine Adoption ist ein emotional einschneidender Moment für ein Kind; auch sie kann in bestimmten Fällen den Verlust der Muttersprache fördern. Wir haben in einem vorhergehenden Kapitel vom Erstsprachverlust der nach Frankreich adoptierten Kinder koreanischer Herkunft erfahren.[110] Die erstaunlichen Ergebnisse dieser Untersuchung beweisen, dass die für die Muttersprache zuständigen neuronalen Vernetzungen in den ersten Lebensjahren veränderbar sind und dass die Erstsprache bis zum Alter von acht Jahren tatsächlich vergessen werden kann, wenn sie in dieser Zeit durch eine neue Sprache ersetzt wird (eines der koreanischen Kinder war bei der Adoption 8 Jahre alt).

Wenn die Sprache wieder lebendig wird

«Ich bin von Geburt an mit Englisch und Französisch aufgewachsen. Man erzählte mir, dass ich mich mit sechs Jahren von heute auf morgen geweigert habe, Englisch zu sprechen, denn wir lebten in Frankreich. Mit der Zeit habe ich die Sprache vollkommen vergessen, denn ich konnte mich mit meinen Cousinen in Wales nicht mehr unterhalten. Aber als ich in die erste Klasse des Gymnasiums kam, kam auch die Sprache wie durch ein Wunder zurück – vielleicht, weil ich plötzlich das ‹Recht› hatte, Englisch zu lernen, wie die anderen Kinder auch?»

Den Autoren der oben genannten Untersuchung zufolge ist es allerdings möglich, dass die angewendete Technik noch nicht präzise genug ist, um eventuell vorhandene Spuren der vergessenen Erstsprache im Gehirn sichtbar zu machen. Es könnte auch sein, dass die Sprache durch intensives Training wieder «aktiviert» wird. Das würde bedeuten, dass eine Person, die ihre Erstsprache «vergessen» hat, in einem Sprachkurs schneller Fortschritte machen würde als jemand, für den sie vollkommen fremd ist. Genau diese Erfahrung hat ein französischer Student gemacht, der Folgendes erzählt:

«Durch den Beruf meines Vaters ist unsere Familie viel gereist, als ich klein war. Von meinem fünften bis zum achten Lebensjahr lebten wir in Japan. Anscheinend habe ich damals sehr gut Japanisch gesprochen, aber ich erinnere mich nicht mehr daran. An der Universität, in Frankreich, wollte ich wieder Japanisch lernen, aber leider hatte ich überhaupt keinen Vorteil gegenüber den anderen Studenten! Ich erinnerte mich an nichts mehr und hatte die größten Schwierigkeiten mit der Aussprache und allem. Aber im zweiten Jahr ist etwas Erstaunliches passiert: es war, als ob meine Erinnerung zurückgekommen sei, plötzlich fiel mir die Sprache sehr leicht und ich machte riesige Fortschritte, verglichen mit meinen Kollegen. Heute spreche ich wieder Japanisch und das fast ohne Akzent!»

Es ist sehr wahrscheinlich, dass ein mit Emotionen verbundener psychologischer Vorgang dafür verantwortlich ist, dass manche Menschen eine verschollene Sprache wiederfinden. Wie sonst ließe sich erklären, dass Personen unter Hypnose eine «vergessene» Sprache ihrer Kindheit zu sprechen beginnen, die sie unfähig sind zu verstehen, sobald sie aus der Hypnose aufwachen.[111] Die berühmte französische Ärztin und Psychoanalytikerin Françoise Dolto erzählt von einem Patienten, der unter Hypnose ein Lied in einer ihm völlig unbekannten Sprache gesungen hatte. Nachforschungen ergaben, dass es Hindi war, die Sprache seines Kindermädchens, das ihn in den ersten Jahren kurze Zeit umsorgt hatte.

Genauso wie es eine «sensible Phase» zum Erstspracherwerb gibt, scheint es eine Zeitspanne zu geben, innerhalb derer eine Sprache schnell wieder vergessen werden kann: Je schneller ein Kind in dieser sensiblen Phase eine Zweitsprache erwirbt, desto größer ist die Wahrscheinlichkeit, dass es dabei seine Erstsprache verliert. Anders ausgedrückt, je jünger ein Kind in der Phase ist, in der durch den Kontakt mit einer starken Zweitsprache die Erstsprache geschwächt wird, desto schneller und unwiderruflicher wird es die Erstsprache vergessen.[112]

Man weiß heute, dass es mehrere Jahre dauert, bis die Erstsprache im Gehirn endgültig festgelegt ist. Während der gesamten «Einrichtungsphase» im Gehirn kann die Erstsprache durch eine andere ersetzt werden.[113] Wissenschaftler sind sich darüber einig, dass der Verlust der Erstsprache endgültig ist, wenn eine zweite Sprache dominant wird, bevor ein Kind acht oder neun Jahre alt ist. Das entspricht ungefähr dem Alter, in dem ein Kind normalerweise Lesen und Schreiben gelernt hat. Durch den Vorgang der Alphabetisierung scheint die Sprache besser im Gehirn «fixiert» zu werden, indem neue neuronale Netze ausgebildet werden, die die Einflussmöglichkeiten einer Zweitsprache zurückdrängen.

Für Eltern, die die Familiensprache – und damit die Zweisprachigkeit – ihres Kindes erhalten wollen, sind diese Forschungsergebnisse sehr wichtig. Sie machen uns bewusst, dass der Spracherwerb ein langwieriges Unternehmen ist und die Zweisprachigkeit noch lange nicht «vollständig» ist, wenn ein Kind zu sprechen beginnt. Von dem Moment an, in dem die Eltern beschließen, ihr Kind mit zwei Sprachen zu erziehen, bzw. vom Tag der Ankunft der Familie in einem anderssprachigen Land, bis zu dem Zeitpunkt, an dem ein Kind wirklich zweisprachig ist, werden vielfältige Einflüsse die zweisprachige Entwicklung in Frage gestellt haben. Einer dieser äußeren Einflüsse, nämlich die Bewertung der Sprachkompetenz durch die Umwelt, durch Lehrer und Erzieher, nimmt dabei eine besondere Stellung ein. Für jede sprachliche Besonderheit bei einem Kind muss nämlich erst einmal seine Zweisprachigkeit als Sündenbock herhalten.

Sprachliche Besonderheiten

«Wir sind ein gemischtes Paar und leben in Frankreich. Ich spreche Französisch mit meinem Sohn, mein Mann ist Deutscher. Yoann ist drei, und er mischt stark beide Sprachen. Was er sagt, ist für Außenstehende schwer verständlich. Er ist dieses Jahr in die französische Vorschule eingeschult worden. Die Lehrerin hat meinem Mann geraten, nicht mehr Deutsch mit ihm zu sprechen, denn das sei sicher schuld an seiner Sprachverzögerung. Aber Yoanns Großeltern und Cousins verstehen alle nur Deutsch und wir besuchen sie oft. Mein Mann hat den versteckten Vorwurf sehr schlecht vertragen und ich bin allmählich auch beunruhigt. Für uns ist der Schulbeginn problematisch; einerseits wollen wir natürlich unsere «beste» Sprache mit Yoann sprechen, aber andrerseits beunruhigt uns die Idee, dass wir vielleicht eine falsche Entscheidung getroffen haben.»

Natürlich ist es die Aufgabe von Erziehern und Lehrern, möglichst früh eventuelle sprachliche Auffälligkeiten zu entdecken. Wenn sie nicht rechtzeitig diagnostiziert wird, kann eine verlangsamte Sprachentwicklung spätere Lernschwierigkeiten nach sich ziehen. Wie wir bereits wissen, wird die Bewertung des Sprachstands bei bilingualen Kindern dadurch erschwert, dass die Sprachentwicklung der des monolingualen Standards in den einzelnen Sprachen, nicht jedoch der allgemeinen Sprachentwicklung hinterherhinkt.

Diese zu evaluieren bereitet monolingualen Erziehern oder Lehrern jedoch besondere Schwierigkeiten. Außerdem darf man nicht außer Acht lassen, wie groß die individuellen Unterschiede in der Entwicklung von Kindern sind; jede vermeintliche Verzögerung muss immer im Rahmen der Gesamtentwicklung des Kindes betrachtet werden.

Ich lernte Paul vor vielen Jahren im deutsch-französischen Kindergarten eines Pariser Vorortes kennen. Seine Mutter sprach zu Hause Deutsch mit ihm, sein Vater Französisch. Als Paul mit 30 Monaten in die Kindertagesstätte kam, sprach er kaum, sehr zur Verzweiflung seiner Mutter, die begonnen hatte, die zweisprachige Erziehung in der Familie in Frage zu stellen. Sie war umso verzagter, als ein gleichaltriges französisches Kind in der Gruppe bereits ganze Sätze von sich gab und ausgefeilte Redewendungen beherrschte. Der Unterschied zwischen den beiden Jungen war aber auch auf einem anderen Gebiet auffallend: Paul war äußerst geschickt, wenn es darum ging, Perlen aufzufädeln oder ein Spielzeug zu zerlegen, während Yann unfähig war, feinmotorische Bastelarbeiten auszuführen oder auch nur auf einen Spielturm zu klettern. Trotz dieser auffallenden Unterschiede waren Paul und Yann, vom entwicklungspsychologischen Standpunkt her gesehen, vollkommen normal. Der extrovertierte Yann hatte den Schwerpunkt zuerst auf die Kommunikationsfähigkeit gelegt, während der ruhige Paul sich eher mit seinen Fingern, beim Basteln, «ausdrückte». Heute haben beide Jungen ihr Universitätsstudium beendet.

Wenn Besonderheiten in der Sprachentwicklung dem doppelten Spracherwerb zugeschoben werden, dann besteht die Gefahr, die wahren Ursachen dafür zu übersehen. Zweisprachigkeit ist zwar kein Grund für Sprachstörungen, sie ist aber auch keine Vorbeugung gegen psychologische oder andere Entwicklungsstörungen, die den Spracherwerb beeinträchtigen können. Kinderärzte bestätigen, dass eine der häufigsten Ursachen der Sprachverzögerung nicht behandelte Mittelohrentzündungen sind, die eine Beeinträchtigung des Gehörs zur Folge haben. Ein Kind, das die Laute nicht richtig unterscheiden kann, kann sie auch nicht korrekt nachsprechen. Die Folge davon ist eine undeutliche Aussprache und eine allgemeine Verzögerung des Spracherwerbs.

Für die Auffassung mancher Sprachtherapeuten, dass eine «schlechte Sprachverteilung» in der Familie, also häufiges Sprachmischen, die korrekte Sprachentwicklung behindern könnte, gibt es keinen wissenschaftlichen Beleg. Wohl aber können andere Faktoren, etwa soziale Probleme aller Art (Wohnungsnot, Arbeitslosigkeit, Diskriminierung usw.) die Sprachentwicklung beeinträchtigen. Wenngleich etwaige Sprachstörungen in einem ungünstigen sozialen Kontext nur das Symptom für andere Schwierigkeiten sind, so ist es doch aus monolingualer Sicht verlockend, die Ursache des Symptoms in der Mehrsprachigkeit zu sehen. Die vermeintliche Lösung des Problems, und die damit verbundene Vorbeugung gegen den schulischen Misserfolg, liegt demnach in der Elimination des Störfaktors Zweitsprache! Daher der oft eindringliche Rat an Eltern, mit ihrem Kind nur noch in der Landessprache zu sprechen.[114]

Auch heute noch sind manche Erzieher und Lehrer der Meinung, die Ursache von Sprachstörungen wie Disgrammatismus, Artikulationsprobleme, Stottern oder Entwicklungsverzögerungen bei mehrsprachig aufwachsenden Kindern sei die besondere Belastung durch den Umgang mit mehreren Sprachen. Neuere Forschungsergebnisse können diese Befürchtung allerdings nicht bestätigen; denn sie ergeben, dass zu den fünf Prozent aller Kinder, die ihre Sprache nicht altersgerecht entwickeln, einsprachige und mehrsprachige Kinder gleichermaßen zählen.

Konflikte

«Als ich 1946 nach Israel ausgewandert bin, war ich dreizehn. Ich sprach viele Sprachen, aber alle zusammen nützten mir nichts, um mich dort zu verständigen. Ich fühlte mich wie ein Behinderter, denn ich konnte mich nur mit meinem Körper ausdrücken und nicht mit dem Mund. Ich versuchte, mich mit dem, was ich hatte, verständlich zu machen. Nach und nach lernte ich Hebräisch. Mit viel Mühe eignete ich mir diese Sprache an, die von der Struktur her so ganz anders war als alle, die ich kannte. Es ist nicht eine Sprache, die natürlich aus dir herauskommt, es ist, als nähme man den Mund voll Kieselsteine.

> Ich habe mich sehr angestrengt, um Hebräisch zu lernen, es war, wie in einen Berg zu graben ...»

Die Geschichte des bekannten israelischen Schriftstellers Aaron Appelfeld[115] zeigt, dass die Notwendigkeit, sich mit seiner Umgebung zu verständigen, die treibende Kraft beim Sprachenlernen ist. Im Fall des jungen Aaron, der als Vollwaise nach Israel gekommen war, handelte es sich sogar um eine Frage des Überlebens. Hätte er Menschen um sich gehabt, die einer seiner Muttersprachen mächtig waren, so hätte er nicht diese dringende Notwendigkeit gespürt, sich Hebräisch aneignen zu müssen. «Gelegenheit macht zweisprachig», könnte man unter Abänderung eines bekannten Sprichwortes sagen.

«Ich würde gern Französisch (oder Italienisch oder Russisch) lernen, aber es ist einfach zu schwer!» Mit diesem Argument entschuldigen sich viele, Jüngere wie Ältere, die damit ihre mangelnde Motivation am Sprachenlernen erklären. Wenn die Lust, eine Sprache zu beherrschen, nicht mit der Notwendigkeit gekoppelt ist, die Sprache zu verwenden, so wird daraus nur schwer die Motivation entstehen, die betreffende Sprache zu lernen.

Der junge Aaron hatte sich entschlossen, den Rest seines Lebens in Israel zu verbringen. Seine Motivation, Hebräisch zu erlernen, war von dem Willen getragen, sich in die Gesellschaft zu integrieren, einer von ihnen zu werden.

Die integrative Motivation, nach W. E. Gardner und W. Lambert[116] das Bestreben, sich in die Zielsprachengemeinschaft zu integrieren und dort soziale Kontakte zu suchen, ist ein starker Antriebsmotor für den Zweit- bzw. Fremdspracherwerb. Lust und Notwendigkeit, mit den anderen Kindern oder Jugendlichen in der Schule Kontakt aufzunehmen, bringen ein Kind dazu, sich deren Sprache anzueignen, «in den Berg zu graben», wie es Aaron Appelfeld ausdrückte. Sprachwissenschaftlich gesehen dürfte das auch gelingen, gäbe es da nicht bestimmte psychologische Auslöser, die das Erlernen der Zweitsprache ebenso beeinflussen können wie die Motivation, die Erstsprache weiterhin zu pflegen.

Stereotypen und Vorurteile

«Mein Vater ist Engländer und meine Mutter Französin. Wir lebten in Frankreich, und ich hatte beide Sprachen von Geburt an gehört. Als ich sechs war, habe ich von heute auf morgen aufgehört, Englisch zu sprechen, weil mich das als «Ausländerin» kennzeichnete. Mein Vater hat einige Zeit noch versucht, mit mir Englisch zu reden, aber ich antwortete unter Weinen auf Französisch. Ich lehnte Englisch total ab, es war unwiderruflich!»

Sprache ist nicht nur ein Kommunikationsmittel, sie ist auch Symbol der Zugehörigkeit zu einer Sprachgemeinschaft. Wir erkennen uns in denen wieder, die so sprechen wie wir, wie alle Bewohner derselben Gegend, desselben Landes. Jeder Mensch ist bestrebt, sich selbst positiv zu sehen und sich den anderen gegenüber auch so darzustellen. Zur positiven Selbsteinschätzung gehören auch der Wert und die emotionale Bedeutung, die man aus der Zugehörigkeit zu verschiedenen sozialen Gruppen für sich ableitet.[117]

Zur Stärkung des eigenen Selbstwertgefühls bezieht sich jeder auf die positiven Eigenschaften der eigenen Sprache und Kultur. Gleichzeitig bilden wir uns auch eine Meinung über die «anderen», die eine andere Sprache sprechen und einer anderen Kultur angehören. Dazu schöpfen wir aus den «sozialen Repräsentationen», die wir mit den anderen Mitgliedern unserer Gemeinschaft teilen. Sozialpsychologen bezeichnen damit eine Reihe von Begriffen und Aussagen, Stereotypen und Klischees, die ihren Ursprung im täglichen Leben haben und die die Beziehungen zwischen den Menschen und Gruppen bestimmen.

Stereotype Aussagen dienen dazu, unsere komplexe Welt zu vereinfachen und verständlich zu machen, indem man sie in Kategorien einteilt. Klischeevorstellungen helfen, die anderen Sprachen – und ihre Sprecher – einzuordnen und unsere Haltung gegenüber den «anderen», den «Fremden» zu bestimmen. Mit zahlreichen Zeitgenossen teilen wir das Bild des fleißigen Chinesen und seiner «unerlernbaren» Sprache, das des phlegmatischen Engländers und seiner «leichten» Sprache. Die Franzosen pflegen das Bild der ordnungsliebenden Deutschen und ihrer ungraziösen Sprache und die

Konflikte 147

Deutschen sprechen vom arroganten Franzosen und seinem eleganten Französisch.

Jeder, der sich einmal außerhalb der heimischen Grenzen in einer Fremdsprache verständigen musste, kennt die Zurückhaltung oder gar das Misstrauen, das ein starker ausländischer Akzent hervorruft. Ob jemand aus Polen kommt, aus Kambodscha oder den USA, immer werden die festgefahrenen Vorstellungen, die mit einer Sprache verbunden sind, automatisch auf ihren Sprecher übertragen. Verschiedene Studien, in den USA, Kanada, Israel und der Schweiz, haben aufgezeigt, wie unterschiedlich Personen beurteilt werden, je nachdem, in welcher Sprache sie sprechen.

Die erste, berühmt gewordene Untersuchung zu diesem Thema wurde von dem Sozialpsychologen Wallace E. Lambert in der kanadischen Provinz Quebec durchgeführt, in der Spannungen zwischen der französischen und der englischen Sprachgemeinschaft eine lange Tradition haben. Wir haben in einem voranstehenden Kapitel darüber berichtet. Das in der Untersuchung erstmals angewandte Verfahren wurde danach in zahlreichen, in verschiedenen Ländern durchgeführten Studien übernommen. Die Ergebnisse sind überall gleich: Die Bewertung einer Person wird durch den Wert bestimmt, den man ihrer Sprache zuerkennt.

Auch die Ergebnisse anderer Untersuchungen gehen in dieselbe Richtung: Wenn eine Sprachgruppe in einem Land wirtschaftlich und politisch dominiert und auch in der Überzahl ist, so beurteilt nicht nur die dominante Gruppe die Mitglieder der Minderheiten als ihnen nicht gleichwertig, sondern auch die Angehörigen der Minderheiten betrachten sich selbst als unterlegen.

Von Vorurteilen und Selbstbewertung

«Besonders fällt mir der Unterschied auf, der zwischen Sprachen gemacht wird, wenn eine Mutter am Schultor mit ihrem Kind spricht. Mir sagt man oft: ‹Ihre Kinder haben Glück, sie sind zweisprachig!› Wenn ich dann erwidere, das sei aber bei den meisten anderen Kindern in dieser Schule und im Viertel auch so, sie sprächen Lingala, Arabisch oder Kurdisch, werde ich angestarrt, als hätte ich etwas Ungehöriges gesagt! Ich glaube, die Mehrsprachigkeit von Kindern steht in direktem Bezug zur Wertschätzung ihrer Sprache durch die Umgebung.»

Wer vom sozialen Aufstieg in dem Land träumt, dessen Sprache er als Zweitsprache erworben hat, tut gut daran, diese erst zu einer gewissen Perfektion zu bringen. Gemessen an der Mehrheit der Muttersprachler haben Minoritätensprecher geringere Aufstiegschancen, wenn sie durch mangelnde Beherrschung der Landessprache oder durch einen starken Akzent als «Fremde» auffallen. Allerdings ist die Bewertung des Akzents – und der Person – je nach Sprache unterschiedlich. Manche Minderheitssprachen haben einen besonders schweren Stand, da sie stark negativ besetzt sind. Die negative Haltung der Mehrheitsgesellschaft zur Minoritätssprache überträgt sich auch auf ihre Sprecher. Kinder, die der Minderheit angehören, machen häufig die Erfahrung, dass ihre Sprache wenig wohlwollend, zuweilen auch herablassend beurteilt wird (das können schiefe Blicke oder allgemeine Bemerkungen sein), ohne dass diese Abwertung immer direkt ausgesprochen würde. Yolanda ist in Frankreich geboren und besucht die Grundschule in einem Pariser Vorort. Ihre Eltern kommen aus Portugal, zu Hause spricht Yolanda Französisch und Portugiesisch. Sie ist keine brillante Schülerin, ihre Noten sind in allen Fächern gerade Mittelmaß. Eine ihrer Lehrerinnen meint es besonders gut mit ihr, indem sie bei jedem Aufsatz bemerkt, dass ihr Französisch im Grunde ganz gut sei, obwohl es doch nicht «ihre» Sprache wäre. Die dauernde (wohlwollende!) Stigmatisierung bewirkt bei Yolanda, dass sie sich immer mehr zurückzieht und mit jedem Aufsatz unsicherer wird. Zu Hause weigert sie sich inzwischen, mit ihren Eltern Portugiesisch zu sprechen. Kinder haben ein gutes Gespür für die Dominanzverhältnisse der Sprachen und internalisieren schnell die negativen Wertvorstellungen, mit denen ihre Sprache innerhalb und außerhalb der Schule behaftet ist. Die unbewusste Übernahme der mit einer Sprache verbundenen negativen Stereotypen kann zur Folge haben, dass ein Kind sich weigert, weiterhin seine Familiensprache zu sprechen.[118] Ein Beispiel dafür ist der fünfjährige Mehdi, der eines Tages seiner Mutter verbot, vor der Schultür mit ihm Arabisch zu sprechen – denn «wenn man arabisch spricht, wird man ausgelacht». Auch Katrina, deutsch-französisch, weigerte sich von heute auf morgen, mit ihrer Mutter vor anderen Kindern Deutsch zu sprechen, nachdem sie in der Schule mit «berger allemand» (deutscher Schäferhund) gehänselt wurde.

Die Einstellung der Anderen

«Ich stamme aus Jordanien, aber ich lebe seit meinem achten Lebensjahr in Frankreich, wo ich auch studiert habe. Mit meiner Tochter habe ich zu Beginn Arabisch gesprochen, aber ich erhielt wenig Unterstützung in meiner Umgebung. Als sie drei war, verstand sie beide Sprachen, aber sie weigerte sich, Arabisch zu sprechen. Schließlich habe ich auf den Kinderarzt gehört und nur noch Französisch mit ihr gesprochen. Heute bereue ich diese Entscheidung zutiefst.»

Die negative Haltung der Minoritätensprache gegenüber und die von den Eltern unbewusst oft noch unterstützte Überbewertung der Mehrheitssprache können dazu führen, dass ein Kind in der Familiensprache keinerlei Fortschritte mehr macht. Kommt dann zur Sprachverweigerung noch ein geringes Selbstwertgefühl hinzu, so ist die Folge davon häufig eine verstärkte Aggressivität oder Absonderung des Jugendlichen. «Wenn die eigene Sprache verachtet, die Religion verurteilt, die Kultur abgewertet wird, dann reagiert man, indem man ostentativ seine Andersartigkeit zur Schau trägt», bemerkt der französisch-libanesische Schriftsteller Amin Maalouf.[119]

Ein schweres Erbe

«Ich bin 1950 im Alter von vier Jahren aus Ungarn nach Israel gekommen. Draußen fühlte ich mich fremd, als eine Zugewanderte. Zu Hause wurde Ungarisch gesprochen, und ich schämte mich, andere Kinder zu mir einzuladen, es war so demütigend. Aber für die, die Jiddisch sprachen, war es noch schlimmer. Da gab es eine Hierarchie: Jiddisch zu sprechen war am Schlimmsten, dann folgten Rumänisch

und Ungarisch. Im Lauf der Zeit habe ich viele Sprachen gesprochen, Jiddisch, Rumänisch, Ungarisch, Deutsch ... Aber als Kind war es für mich das Wichtigste, wie alle anderen zu sein und Hebräisch zu sprechen. Ich übte stundenlang vor dem Spiegel den richtigen Akzent, das ‹rr› in ein ‹r› zu verwandeln, um wie die Anderen zu sein. Hebräisch wie die anderen Kinder zu sprechen, das passierte nicht von allein. Ich befand mich in einer Grauzone zwischen den Sprachen, in einer Zone des Unwohlseins, ständig bestrebt, im Hebräischen unterzutauchen.»
Agi Mishgol, Dichterin, Israel[120]

Aus dem Minderwertigkeitsgefühl wird schnell eine Aversion gegenüber der Mehrheitssprache, mit der Folge ihrer Ablehnung und der Abkapselung der Familie. Die Motivation, die Sprache der Anderen zu lernen, sollte von gegenseitigem Respekt getragen sein, so Amin Maalouf, denn «wenn der, dessen Sprache ich lerne, die meine nicht anerkennt, dann ist es nicht eine Geste der Öffnung, wenn ich seine Sprache lerne, es wird ein Zeichen von Knechtschaft und Unterwerfung.»[121]

Manche Jugendliche befinden sich in einem Loyalitätskonflikt mit der Sprache ihrer Eltern (sich davon zu entfernen wäre Verrat) und dem Wunsch, sich in die Mehrheitsgesellschaft einzugliedern, indem man ihre Sprache annimmt. Der Konflikt ist für manche unlösbar, weshalb sie sich beim Erwerb der Landessprache mit dem umgangssprachlichen Niveau begnügen und jede weitere schulische Arbeit an der Sprache ablehnen. Der amerikanische Sprachwissenschaftler Stephen Krashen hat gezeigt, dass affektive Auslöser, wie fehlendes Selbstvertrauen und ein niedriges Selbstwertgefühl, das Erlernen der Zweitsprache verhindern können. Diese negativen Emotionen wirken wie ein «affektiver Filter», der effektives Lernen unmöglich macht.[122]

Gut gemeinte Ratschläge von Erziehern, Lehrern oder Kinderärzten, die den Eltern den Verzicht auf die Familiensprache nahelegen, da diese für den weiteren Bildungserfolg des Kindes sowieso von keinerlei Nutzen sei, bewirken häufig nur eine Verstärkung des beschriebenen Loyalitätskonflikts.

Konflikte

Eine «nutzlose» Sprache?

«Ich bin Franzose und meine Frau ist Kroatin, sie spricht seit ungefähr zehn Jahren Französisch. Seit der Geburt unserer Tochter Tereza spricht jeder seine Muttersprache mit ihr. Heute ist sie drei Jahre alt und geht seit drei Wochen in die französische Vorschule. Die Lehrerin hat uns heute gesagt, dass Tereza nicht spricht, was ein Problem für das Aufrücken in die nächste Klasse am Jahresende sein wird. Tereza versteht zwar alles, was man ihr sagt, aber in Gegenwart der Lehrerin hat sie noch kein einziges französisches Wort hervorgebracht. Diese hat meiner Frau dringend geraten, nur noch Französisch mit Tereza zu sprechen, denn schließlich lebten wir in Frankreich, und es sei unsere Pflicht, Tereza so schnell wie möglich Französisch beizubringen.»

Glücklicherweise sind nicht überall dort, wo eine Minderheitssprache gesprochen wird, auch die Bedingungen für die Entwicklung der Zweisprachigkeit so ungünstig. Oft lässt sich der negative Einfluss der Umgebung durch eine resolute, positive Haltung innerhalb der Familie verhindern, sodass sich doch noch eine kompetente Zweisprachigkeit entfalten kann.[123]

Vom Sprachdefizit zum Handikap?

Zur Erklärung des Bildungsmisserfolgs wird insbesondere bei Kindern und Jugendlichen mit Migrationshintergrund gern das Argument des «sprachlichen Handikaps» angeführt. Was die französische Psycholinguistin Elisabeth Bautier über die jugendlichen Migranten in Frankreich schreibt, trifft auch für Deutschland zu: «Obwohl Kinder mit Migrationshintergrund hauptsächlich den unteren sozialen Schichten angehören, herrscht bei den Lehrern und bei einem Großteil der Bevölkerung die Vorstellung, die sprachliche und kulturelle Andersartigkeit der Kinder sei der Grund für ihr schulisches Versagen.»[124] Die monolinguale Schule, ob nun in Deutschland oder Frankreich, ist nicht in der Lage, auf das kulturell und sprachlich unterschiedliche Vorwissen der Kinder bei der Einschulung einzugehen. Solange alle Kinder so behandelt werden, als wären ihre im Familienkreis erworbenen Fertigkeiten für den Wissenserwerb in der Schule nicht von Belang, solange die Kompetenzen in der Erstsprache nicht als Grundlage für die weitere Bildung anerkannt werden, so lange wird sich auch bei vielen Kindern kein Bildungserfolg einstellen. Gewöhnlich wird die Erstsprache dann als «Handikap» angesehen, der zum Mangel der geringeren Zweitsprachkenntnisse noch hinzukommt, was dazu führt, das Sprachverhalten von Kindern mit Migrationshintergrund pauschal als «doppelte Halbsprachigkeit» oder Semilingualismus zu deuten. Natürlich sind einige europäische Sprachen von dieser Missachtung weniger betroffen, vorausgesetzt allerdings, der betreffende Schüler erreicht in kürzester Zeit die monolingualen Sprachkompetenzen seiner deutschen Mitschüler.

Der Begriff der «Halbsprachigkeit» wurde vor etwa 30 Jahren von schwedischen Forschern geprägt,[125] um das Sprachverhalten von Kindern finnischer Einwanderer in Schweden zu beschreiben, die weder ihre Muttersprache noch Schwedisch korrekt sprachen. Nach Meinung der Wissenschaftler hatte die Familiensprache eine subtraktive Wirkung auf den Erwerb der Schulsprache, mit der Folge, dass die Kinder nicht zwei-, sondern halbsprachig geworden waren. Diese Interpretation ihres Sprachverhaltens als Halbsprachigkeit wurde von anderen Forschern stark kritisiert; wissenschaftlich findet der Begriff heutzutage nur noch bei krankhaften Sprachstörungen Anwendung.

Dennoch ist die darin enthaltene Vorstellung weiterhin stark verbreitet. Und um dieses negative Sprachverhalten zu verhindern, hat man zumeist auch gleich eine einfache Lösung parat: die Ursache, sprich die Erstsprache, zu unterbinden, um so die Zweitsprache effektiver fördern zu können. (Allerdings wissen wir inzwischen, dass das die denkbar ungünstigste Art der Förderung der Zweitsprache ist!)

Für den Psychologen Barry McLaughlin ist das Misstrauen gegenüber den «Herkunftssprachen» Ausdruck einer Gesamthaltung: «Die Sprache ist Symbol einer Kultur, und Mehrsprachige entstammen meist einer Minderheit, deren Wertvorstellungen und Denkweise der Mehrheit fremd sind. Eine Sprache ist etwas Konkretes, das man unterbinden kann, ohne unser Misstrauen und unsere Angst vor dem Fremden zu zeigen.»[126]

McLaughlin und zahlreiche Kollegen erklären Halbsprachigkeit als einen entwicklungsbedingten Sprachzustand. Während des Zweitspracherwerbs durchläuft das Kind eine Phase, in der es, aus Mangel an Sprechgelegenheiten, bestimmte Fertigkeiten in der Muttersprache verliert, ohne bereits genügend Kompetenz in der Zweitsprache erreicht zu haben. Es handelt sich demnach um eine vorübergehende Schwäche der Sprachfertigkeiten bei Kindern auf dem Weg von der Ein- zur Zweisprachigkeit.

Schulischen Misserfolgen vorbeugen

«Wir sind Deutsche und leben in England. Dieses Jahr habe ich festgestellt, dass das Englisch meiner Tochter nicht auf dem gleichen Niveau ist wie das der Kinder ihres Alters, die täglich mit Erwachsenen zusammen sind, die gut Englisch sprechen. Was also bis jetzt ein Vorteil und ein Reichtum war (ihre Zweisprachigkeit), scheint ein Hindernis zu werden, denn ich sehe, dass sie wegen ihrer Wortschatzlücken im Englischen benachteiligt ist. Sie weiß zum Beispiel, was ein Biber ist, kennt aber das entsprechende Wort ‹beaver› nicht, wenn sie der Lehrerin erklären will, was sie gezeichnet hat.»

Eine groß angelegte amerikanische Untersuchung[127] hat erforscht, wie viel Zeit ein zweisprachiger Schüler braucht, um in der Zweitsprache das sprachlich-kognitive Niveau eines Monolingualen zu erreichen. Die Erhebung, unter der Leitung von K. Hakuta von der Universität Stanford, ermittelte die sprachlich-kognitiven Kompetenzen von zweitausend Schülern vietnamesischer und mexikanischer Herkunft in der Gegend von San Francisco. Die Kinder waren zwischen fünf und elf Jahre alt und hatten im Alter von fünf Jahren in der amerikanischen Vorschule mit dem Erwerb der Zweitsprache Englisch begonnen. Mündliche und schriftliche Kompetenzen in der Zweitsprache wurden mit Standardtests überprüft. Das Ergebnis lässt keinen Zweifel: Es dauert zwei bis fünf Jahre, bis die Kinder das mündliche Sprachniveau eines monolingualen Schülers erreicht haben. Damit ist nicht die Kommunikationsfähigkeit der Zweisprachigen gemeint, nicht die «Sprachfassade» der Kinder im Umgang mit ihren Klassenkameraden, sondern ihre Fähigkeit, dieselben mündlichen Sprachtests so erfolgreich zu durchlaufen wie monolinguale Schüler. Was die Schriftsprache betrifft, so hatten einige Schüler eine der monolingualen vergleichbare Sprachfähigkeit bereits nach vier Jahren Zweitspracherwerb erreicht, während andere dafür sieben Jahre benötigten.

Diese Untersuchung hat auch ein anderes Problem offengelegt: Nach fünfjähriger Schulzeit vergrößert sich der Abstand zwischen den Muttersprachlern und den Zweitsprachlernern statt sich, wie anzunehmen wäre, zu verringern. Während Erst- und Zweitklässler in Lese- und Verständnistests, verglichen mit Monolingualen, lediglich ein Jahr im Rückstand sind, verdoppelt sich der Rückstand in der fünften Klasse. Die leichte Verzögerung zu Beginn der Schulzeit lässt sich dadurch erklären, dass ein Kind keine gute Leistung etwa in Lesetests in einer Sprache bringen kann, die es (noch) nicht kennt. Besorgniserregend hingegen sind die Ergebnisse – bei sehr guten mündlichen Sprachkompetenzen der betreffenden Schüler – nach fünf Jahren Sprachkontakt, da sie die weitere Schülerkarriere stark in Frage stellen. Zunehmend schwächere Sprachleistungen in der Sekundarstufe wurden auch in Deutschland in mehreren Erhebungen festgestellt. So zeigte eine Untersuchung an Berliner Schulen, dass 44 Prozent der eingeschulten türkischen Kinder «stark defizitäre» Deutschkenntnisse hatten.[128] Eine andere Studie wies darauf hin, dass der Sprachleistungsabstand zwischen Zweitsprachlernern (mit Erstsprache Türkisch, Albanisch, Marokkanisch) und monolingualen Schülern sich zu Anfang der Sekundarstufe vergrößert.[129]

Zu ähnlichen Ergebnissen kommt der Sprachwissenschaftler Jim Cummins, der die im Unterricht erforderliche «akademische» Sprachfähigkeit von 1200 Einwandererkindern in Kanada getestet hat. Auch aus seinen Untersuchungen geht hervor, dass Zweitsprachlerner während einer Periode von drei bis sieben Jahren mit dem Leistungsniveau der monolingualen Schüler nicht Schritt halten können.

Diese und zahlreiche andere Untersuchungen machen allerdings vor allem deutlich, dass ohne Einbeziehung der muttersprachlichen

Ressourcen der Kinder mit schwachen Zweitsprachkenntnissen der schulische Misserfolg vorprogrammiert ist. So erstaunlich es klingen mag – zum Schulerfolg trägt auch die Beibehaltung der Erstsprache in der Familie bei. Amerikanische Forscher haben eine Beziehung zwischen dem Abbruch der Erstsprache in der Familie und dem Abbau der schulischen Leistungen aufgezeigt.[130] Ihre Ergebnisse werden von einer Erhebung in der Gegend von Lyon bestätigt,[131] die sichtlich bessere Leistungen in der Schulsprache derjenigen Kinder aufzeigte, deren Erstsprache durch Förderkurse unterstützt wurde.

Einige Schlussfolgerungen

In diesem Kapitel haben wir zu verstehen versucht, warum das Leben mit zwei Sprachen manchmal so schwierig sein kann, dass sogar die schulischen Leistungen der Kinder darunter leiden. Die Untersuchungen belegen durch die Bank die bedeutende Rolle der Erstsprache beim späten Zweitspracherwerb ab sechs Jahren. Inzwischen ist allgemein akzeptiert, dass eine gut entwickelte Erstsprache – gemäß dem Prinzip der Interdependenz der Sprachen – das solide Fundament für die Zweitsprache bildet. Es ist wie beim Hausbau: Ist das Fundament schlampig oder unfertig ausgeführt, so wird das gesamte darauf gebaute Gebäude unstabil sein. Ein unstabiles Sprachgebäude ergibt sich jedoch nicht nur infolge des frühzeitigen Abbruchs der Erstsprache. Es kann auch entstehen, wenn in den Familien nur eine «Sprachfassade» aufgebaut wurde, mit anderen Worten die Herkunftssprache nur der mündlichen und nicht auch der schriftlichen Kommunikation diente, was immer dann der Fall ist, wenn eine allgemeine Bildungsferne besteht oder die Herkunftssprache keine schriftsprachliche Form hat.

Daraus kann man ersehen, dass die «problematische Zweisprachigkeit», die wir hier besprechen, weder für das Sprachverhalten in gehobenen sozialen Schichten noch für alle Sprachkombinationen gültig ist. Betroffen sind vor allem Sprachen mit geringem Prestige in der Mehrheitsgesellschaft; Kinder mit Erstsprachen wie

Französisch oder Englisch brauchen kaum Angst zu haben, als «Halbsprachige» abgestempelt zu werden.

Die mangelnde Gelegenheit bzw. Motivation mancher Kinder, die Umgebungssprache zu erwerben, geht mit einer Geringschätzung von Zweisprachigkeit einher. Ein Bildungserfolg aller Kinder lässt sich nur erreichen, wenn in den Vorschuljahren eine intensive Sprachförderung in der Erst- und Zweitsprache angeboten wird und die Bedürfnisse von Kindern aus sozial schwachen oder kulturfernen Familien dabei besondere Berücksichtigung finden.

Um allen Kindern mit Migrationshintergrund den Zugang zu einem additiven Bilingualismus zu gewährleisten, empfiehlt der Europarat den Schulunterricht zunächst in der Erstsprache abzuhalten; denn, so der Schweizer Linguist George Lüdi in einem Bericht des Europarats, «die schlechtesten Auswirkungen, was sowohl den Wissens- als auch den Spracherwerb betrifft, hat der Submersionsunterricht in der Mehrheitssprache; er führt oft zum Misserfolg. Für anhaltenden Bildungserfolg sorgt hingegen der zweisprachige Unterricht mit einem Schwerpunkt auf der Erstsprache.»[132]

7. Zweisprachigkeit im Alltag

Die zweisprachige Familie

Das Gelingen der zweisprachigen Erziehung hängt von vielen Faktoren ab: der Einstellung der Eltern zu ihrer Herkunftssprache; dem sozialen Status von Erst- und Zweitsprache sowie der Zweisprachigkeit generell in der aufnehmenden Gesellschaft; schließlich auch von der Motivation der Familie, sich der Sprache und Kultur des Aufnahmelandes zu öffnen. Zweisprachigkeit ist immer eine Gratwanderung, die sich dadurch auszeichnet, dass zwei Sprachen und Kulturen gleichwertig in der unmittelbaren Umgebung anerkannt werden müssen.

Sprachverteilung

Die zweisprachige Kindererziehung in einer monolingualen Umgebung verlangt den jahrelangen Einsatz der Eltern. Er beginnt mit der Entscheidung, wer welche Sprache mit dem Kind spricht, geht über das Problem der Wahl einer geeigneten Schule bis hin zur Frage nach der Stadt oder Region, in der man sein Kind am besten zweisprachig erziehen kann.

Bei mehrsprachigen Paaren sollte man die Frage der Sprachwahl am besten bereits vor der Geburt ansprechen, um eventuelle Konflikte hinsichtlich der Vorrangstellung der einen oder anderen Sprache aus dem Weg zu schaffen. Statistisch gesehen folgen mehr Frauen als Männer ihrem Partner in dessen Herkunftsland.[133] So kommt es, dass der Erhalt der «schwachen» Sprache (im Vergleich zur «dominanten» Umgebungssprache) und damit der Zweisprachigkeit meist den Müttern zufällt. Hier gilt es, die richtige Balance zwischen der Pflege der

Erstsprache und der Förderung der Umgebungssprache zu finden.

Zahlreiche sprachgemischte Paare wählen eine dritte Sprache als Umgangssprache untereinander, ganz abgesehen davon, dass viele Partner selbst mehrsprachig aufgewachsen sind. Die Geburt des ersten Kindes ändert im Allgemeinen das Verhältnis zur eigenen Muttersprache und zur Zweisprachigkeit von Grund auf und oft ordnet sich dann die Sprachverteilung in der jungen Familie neu. Viele Eltern befürchten, ihre Umgangssprache, also die dritte Sprache der Familie, könnte das Kind überfordern und dem doppelten Spracherwerb schaden. Andere sind besorgt, ihr Kind auszuschließen, weil sie mit ihm eine andere Sprache sprechen als untereinander. Diese Angst ist unbegründet, denn sehr schnell werden sie feststellen, dass ihr Kind die dritte Sprache versteht, auch ohne sie zu sprechen.

Deine Sprache, meine Sprache

«Es stört mich, mit meinem Sohn inmitten von Leuten Deutsch zu sprechen, die kein Wort verstehen, vor allem wenn andere Kinder dabei sind, die gerne wüssten, was ich zu Carlo sage. Andrerseits ist es schwer für mich, mit Carlo in Gegenwart seines Vaters ausschließlich Deutsch zu sprechen, während wir miteinander Italienisch sprechen. Manchmal kommt es dann vor, dass ich mit meinem Sohn auch Italienisch spreche, aber ich bereue es sofort, denn ich habe den Eindruck, seine Zweisprachigkeit zu gefährden.»

Ein Kind zur Zweisprachigkeit zu erziehen ist dann besonders schwer, wenn die gesamte Verantwortung der Sprachvermittlung einem Elternteil zufällt, während der andere die Umgebungssprache spricht. Die Zweitsprache ist dann von Anfang an in der schwächeren Position. Die erste Hürde der Spracherziehung stellt sich durch die außerfamiliären Beziehungen: Viele Mütter empfinden es als Belastung, vor den Schwiegereltern, mit Freunden oder auf der Straße in einer «fremden» Sprache sprechen zu müssen. Aus Angst, den Partner auszuschließen, gebrauchen manche ihre Sprache nur, wenn sie mit dem Kind allein sind, während sie in Gesellschaft anderer Personen die allgemeine Umgebungssprache wählen. Diese «heimliche» zweisprachige Erziehung hat leider wenig Aussicht auf Erfolg.

Die Angst, sich von ihrem Partner zu entfernen, indem sie mit dem Kind die für ihn fremde Sprache sprechen, beschäftigt viele Mütter, und manche Väter haben tatsächlich das Gefühl, ausgeschlossen zu werden. Es kommt vor, dass über die Streitfrage der zweiten Sprache etwaige Konflikte des Paares ausgetragen werden. Meistens ist aber die Ankunft eines Babys und der Beginn der Spracherziehung in der «fremden» Sprache die Gelegenheit für den Partner, ebenfalls erste Schritte in der neuen Sprache zu unternehmen, etwa wie bei folgendem deutsch-italienischen Paar in Italien: «Mein Mann konnte kein Wort Deutsch, bevor unsere Kinder geboren wurden. Er hat gleichzeitig mit unseren Kindern Deutsch gelernt, fast ohne sich dessen bewusst zu sein.»

Für Frauen, die schon lange im Ausland leben und nur noch selten ihre Muttersprache verwenden, ist es anfangs schwer, sich umzugewöhnen und mit dem Baby in ihrer Herkunftssprache zu sprechen. Der Eindruck, wie «unter einer Glocke» abgekapselt zu sein ist umso stärker, als sie in der ersten Zeit, solange das Kind noch nicht antworten kann, die einzigen sind, die in der für die Umgebung unverständlichen Sprache sprechen.

Oft findet der Wunsch nach Zweisprachigkeit hier ein Ende, wenn die Mutter nicht fest von ihrem Vorhaben überzeugt ist und nicht genügend Unterstützung von ihrem Partner bekommt. Es ist schließlich nicht selbstverständlich, in aller Öffentlichkeit sein Anderssein zur Schau zu tragen, indem man in einer anderen Sprache zu einem Säugling spricht! In dieser Phase ist der Kontakt mit anderen Eltern in derselben Situation bzw. mit Landsleuten, die die Minderheitensprache wieder in den Vordergrund rücken, sehr wichtig, um aus der sprachlichen Isolation auszubrechen, in die man sich freiwillig begeben hat.

Ein Hin und Her zwischen dem Wunsch, sein Kind zweisprachig zu erziehen, und dem Bestreben, ihm eine gelungene Eingliederung in die Mehrheitsgesellschaft zu gewährleisten, wird die Eltern jahrelang begleiten.

Die zweisprachige Familie

Der Wunsch, nicht «unhöflich» zu erscheinen, die Menschen in der unmittelbaren Umgebung nicht auszuschließen, stellt den zweisprachig erziehenden Elternteil vor ein Dilemma: Einerseits muss er als «Tempelwächter» der schwachen Sprache diese gegenüber der allgegenwärtigen Mehrheitssprache verteidigen, zum anderen ist er auch bestrebt, seine Anpassungsfähigkeit an die Mehrheitsgesellschaft und seine gelungene Integration unter Beweis zu stellen, indem er in Gesellschaft die Umgebungssprache gebraucht. Beide Anliegen in Einklang zu bringen ist Aufgabe aller Eltern, die den Weg der Zweisprachigkeit eingeschlagen haben.

Um die zweite Sprache über die ersten Jahre hinaus weiter zu erhalten, muss der «Minderheitssprecher» selbst auch eine gute Sprachgewandtheit in seiner Muttersprache bewahrt haben. Oft ist die Muttersprache durch jahrelanges Leben und Arbeiten in der anderen Umgebung nicht mehr so leicht aktivierbar. Dabei spielen die Entfernung von dem Land, in dem man geboren ist, und die Möglichkeiten, Kontakt mit anderen Sprechern zu pflegen, eine bedeutende Rolle. Es ist schließlich nicht dasselbe, ob man 500 oder 5000 Kilometer von der Heimat entfernt lebt, ob die sprachliche und kulturelle Wiege in Frankreich oder in Uruguay liegt.

Eine «vergessene» Sprache

«Als mein erstes Kind geboren wurde, beschloss ich, Finnisch mit ihm zu sprechen. Es war sehr wichtig für mich, dass es meine Muttersprache lernte, vor allem, um sich mit meiner Familie in Finnland verständigen zu können. Zuerst war das nicht einfach, denn ich war gewöhnt, zu Hause Deutsch zu sprechen. Deutsch war einfach mit dem Ort verbunden. Anfangs musste ich mich regelrecht zwingen, Finnisch zu sprechen. Das hat vielleicht einen Monat gedauert, dann ist es mir gelungen, Finnisch mit der Person meines Kindes zu assoziieren. Seitdem geht es ganz automatisch, ich spreche Finnisch mit meinem Baby und Deutsch mit meinem Mann.»

Viele Menschen lassen sich zum Studium oder aus beruflichen Gründen für einige Jahre im Ausland nieder, lernen dort ihren Partner kennen und so wird aus dem vorübergehenden Aufenthalt ein ganzes Leben! Wenn dann nach Jahren entschieden wird, eine Familie zu gründen, ist der ehemalige «Ausländer» bereits so gut in die Gesellschaft integriert, ja, nicht zuletzt durch die Heirat mit einem «Einheimischen» assimiliert, dass es vorkommen kann, dass seine «Herkunftssprache» fast in Vergessenheit geraten ist. Ich habe Paare kennen gelernt, bei denen die Herkunft des Partners, geschweige denn seine Sprache, nie ein Thema waren, als wäre dieser Teil seiner Persönlichkeit einfach nicht vorhanden. Dieser Zustand wird durch die Geburt eines Kindes unweigerlich hinterfragt, Erinnerungen an die Kindheit werden wach und die Frage nach der Weitergabe des «verborgenen» Teils der Mutter (oft sind es die Frauen, die sich durch perfekte Assimilation auszeichnen) stellt sich mit Vehemenz. Da kommt es dann zum ersten Konflikt, wenn der künftige Vater sich auf einmal mit der unbekannten Seite seiner Frau auseinandersetzen muss. Die Zweisprachigkeit hat wenig Chancen, wenn der Partner die betreffende Sprache oder gar die Idee von Zweisprachigkeit generell ablehnt bzw. gleichgültig betrachtet. Die französische Soziologin Gabrielle Varro hat bei der Entwicklung der Zweisprachigkeit von Kindern aus französisch-amerikanischen, in Paris lebenden Familien herausgefunden, dass die bilinguale Sprachentwicklung nicht gesichert ist, wenn nur die Mutter ihre Herkunftssprache vermittelt, während der Vater diese Sprache weder versteht noch spricht.[134]

Sich die Sprache, mit der man selbst aufgewachsen ist, nach Jahren wieder anzueignen, ist immer mit Willenskraft und Konzentration verbunden, zumeist auch mit einer Hinterfragung der eigenen Wünsche und Emotionen. Zahlreiche Mütter berichten von der Schwierigkeit, nach all den Jahren wieder ihre eigene Muttersprache «aus der Versenkung» zu holen. Alle berichten aber auch von dem Glücksgefühl, die eigene Sprache wiedergewonnen zu haben und sie ihrem Kind zu vermitteln.

In mancher Hinsicht ähnlich gelagert ist der Fall sprachbegeisterter Eltern, die im Erwachsenenalter ein sehr gutes Sprachniveau in einer anderen Sprache erreicht haben und nun versucht sind, ihre Sprachbegabung in die Kindererziehung einzubringen.

Fremdsprache wird Muttersprache

«Mein Mann und ich sind Amerikaner und unsere Muttersprache ist Englisch. Als ich sechs Jahre alt war, verbrachte ich fünf Jahre in Deutschland mit meinen Eltern. Dort lernte ich Deutsch in der Schule. Nach unserer Rückkehr in die Vereinigten Staaten hatte ich keine Gelegenheit mehr, Deutsch zu sprechen.

Mein Mann hat nie im Ausland gelebt, aber er hat Deutsch studiert.

Schon vor der Geburt unseres Kindes hatten wir beschlossen, es zweisprachig zu erziehen. Als unser Sohn Benjamin geboren wurde, sprachen wir nur Deutsch mit ihm. Anfangs kam es uns fremd und gekünstelt vor, mit ihm Deutsch zu sprechen. Erst als er im Alter von acht bis zehn Monaten lebhafter reagierte, haben wir angefangen, uns mit Deutsch wohl zu fühlen. Ich habe alle Wiegenlieder und Kinderreime auswendig gelernt, das hat mir viel geholfen. Wir hatten nur deutsche Kinderbücher zu Hause und ich habe begonnen, deutsche Videokassetten und Kinderlieder zu sammeln. Für mich war es sehr wichtig, möglichst viele sprachliche Vorbilder zu haben, denn mein Deutsch war nicht perfekt.»

Den Vorteil, dass Kinder bis zum Alter von sechs Jahren auch eine zweite Sprache intuitiv erlernen, wollen sich zunehmend mehr Eltern zunutze machen, indem sie ihr Kind in einer Sprache erziehen, die für sie selbst eigentlich eine Fremdsprache ist. Dieser Trend ist besonders in amerikanischen Großstädten stark verbreitet, findet aber auch in Europa immer mehr Anhänger. Als Vorbild wird häufig das «Experiment» eines australischen Deutschlehrers genannt, der mit seinen drei Kindern ausschließlich Deutsch sprach und über seinen Erfolg in einem Buch berichtete.[135]

Leider halten die meisten Eltern, die das Beispiel nachahmen wollen, nicht so lange durch wie George Saunders. Sind die ersten Jahre vorbei, in denen sich die Konversation mit Kindern noch auf einfache Satzstrukturen und ein geringes Vokabular beschränkte, stellt sich heraus, dass ihre Sprachkenntnisse in Französisch, Englisch oder Spanisch doch nicht ausreichen, um eine echte Diskussion zu führen. Welche übersteigerten Formen elterlicher Ehrgeiz annehmen kann, lässt sich diversen Diskussionsforen zu diesem Thema entnehmen.[136]

Um «ein Kind zweisprachig zu machen», sprechen manche Eltern in einer Fremdsprache mit ihrem Baby, die sie selbst nur fehlerhaft beherrschen. Da findet man Berichte von Müttern, die im Lexikon erst das Wort für «Schnuller» oder «Windel» nachschlagen müssen, bevor sie sich an ihr Kind wenden! Viele Eltern geben zu, dass ihre Fremdsprachenkenntnisse nicht über die ersten kindlichen Interaktionen hinausreichen werden, aber sie rechnen fest damit, dass die Sprache nach den ersten Jahren fest genug im Gehirn verankert sein wird, um dort jederzeit wieder abgerufen werden zu können. Leider scheint noch nicht allgemein bekannt zu sein, dass jede in den ersten Lebensjahren erworbene Sprache schnell vergessen ist, sobald sie nicht mehr verwendet wird!

Liest man die Berichte von fremdsprachlich erziehenden Eltern, so kann man sich des Eindrucks nicht erwehren, dass diese Kinder wie unter einer Glocke aufwachsen, die sie von der Muttersprache der Eltern ebenso entfernt wie von der zur Familiensprache erkorenen Fremdsprache. Die Eltern «lehren» ihr Kind eine Sprache, die sie selbst im Gymnasium oder an der Universität erworben haben, ohne über einen Bezug zu der kulturellen Wirklichkeit zu verfügen, die diese Sprache trägt und zusammenhält. Vom sprachwissenschaftlichen Standpunkt aus ist der Spracherwerb in einer «Fremdsprache» durchaus möglich, praktisch scheint er auch in vielen Fällen zu gelingen. Was allerdings die psychologische Seite dieser Experimente betrifft, so kann man zumindest Zweifel anmelden, insbesondere was die Spontaneität der Eltern-Kind-Beziehung betrifft.

Bevor man sich auf das Abenteuer Fremdspracherziehung einlässt, sollte man sich fragen, ob man imstande sein wird, eine enge Bindung zu seinem Kind in einer «fremden» Sprache herzustellen, ohne sein emotionales Gleichgewicht zu erschüttern. Oder, wie es eine Mutter in einem englischen Diskussionsforum ausdrückte, «bevor Eltern ihre Liebe zu den Sprachen mit ihrem Kind teilen, sollten sie ihm erst ihre Liebe zu ihm in ihrer eigenen Sprache übermitteln». Dem ist nichts hinzuzufügen als die Überlegung, ob

Die zweisprachige Familie

Zweisprachigkeit es wert ist, das psychologische Gleichgewicht der Eltern-Kind-Beziehung zu gefährden.

Viele Sprachen: die Qual der Wahl

Johanne ist zweisprachig: Französisch und Englisch. Ihr Mann Frank ist mit Deutsch und Vietnamesisch aufgewachsen. Johanne hat sich schon immer für Sprachen interessiert und möchte ihrem Sohn gern diese Leidenschaft – und ihre zwei Sprachen – weitergeben. Sie spricht also abwechselnd Englisch und Französisch mit ihm; ihr Mann Frank tut dasselbe mit Vietnamesisch und Deutsch.

Oft erleben Zweisprachige ein echtes Dilemma, wenn es darum geht, sich für die Sprache zu entscheiden, die sie ihrem Kind weitergeben wollen. Sie meinen, da sie selbst zweisprachig sind, diese Besonderheit auch ihrem Sohn vermitteln zu können, vergessen dabei aber, dass es sich um ein Sprachverhalten handelt, das jeder selbst erwerben muss und das sich nicht vererben lässt.

Nach allem, was wir über den Spracherwerb wissen, ist Johanne und Frank zu raten, sich jeder für eine Sprache zu entscheiden, und bei dieser Sprache zu bleiben, wenn sie mit ihrem Kind sprechen.

Allen Überlegungen und einem ausgefeilten «Aktionsplan» in Sachen Spracherziehung zum Trotz fällt die endgültige Entscheidung darüber oft erst, wenn man das Kind in den Armen hält. Der emotionale Schock der Geburt lässt Erinnerungen an die eigene Kindheit aufsteigen, und die liebevolle Zuneigung, die man selbst als Baby erfahren hat, kann man dem eigenen Kind nur in einer Sprache ausdrücken, in der Sprache der Emotionen, der Sprache «des Herzens».

Die Sprache, in der man spontan in den ersten Tagen zu seinem Kind spricht, ist die richtige. Manchmal kommt es auch vor, dass man beim Anblick seines Babys die Sprache, in der man es eigentlich ansprechen wollte, nicht hervorbringt, denn plötzlich scheint sie mit unangenehmen Kindheitserinnerungen verbunden zu sein, wie es eine junge, norwegisch-französische Mutter erzählt:

«Ich bin in Norwegen geboren und habe in meiner Kindheit in Norwegen und Frankreich gelebt. Mit meinem Vater habe ich immer Norwegisch gesprochen, Französisch hingegen mit meiner Mutter bis zum Alter von drei Jahren. Ab dann habe ich nur noch Norwegisch gesprochen, bis zur Scheidung meiner Eltern, als ich neun Jahre alt war. Ich bin mit meiner Mutter nach Frankreich gezogen, mein Vater blieb in Norwegen und seitdem habe ich nur noch Französisch mit meiner Mutter gesprochen, es wurde meine starke Sprache. Ich habe eine Tochter von drei Monaten. Während der Schwangerschaft wusste ich nicht, welche Sprache ich wählen sollte, und ich dachte, ich handle aus dem Instinkt heraus, wenn das Baby da ist. Seit es geboren ist, spreche ich Französisch mit ihm. Ich bin unfähig, Norwegisch mit ihm zu sprechen, wohl weil mich das an die konfliktreiche Ehe meiner Eltern erinnert. Aber ich erzähle ihm Geschichten und singe ihm Lieder auf Norwegisch vor. Ich wünsche mir nichts mehr, als meinem Baby auch diese Sprache mitzugeben, die ein Teil von mir ist, aber ich bringe es nicht fertig, immer Norwegisch mit ihm zu sprechen.»

Wenn die Familie auswandert

Die Entscheidung, sein Kind zweisprachig zu erziehen, ist nicht nur von der Familienkonstellation abhängig, sondern auch von dem Ort, an dem man zu leben beschlossen hat. Wenn die ganze Familie auswandert, so ist die Sprachwahl auch von der Zeit abhängig, die man im Ausland zu verbringen gedenkt.

Sprachlich gesehen, ist die Situation im Falle einer Auswanderung zumindest am Anfang denkbar einfach. Wenn die Familie die Umgebungssprache nicht kennt, so gibt es auch keine Frage der Wahl. Die Situation verkompliziert sich mit den Monaten und Jahren, wenn die Eltern sich selbst in einem Anpassungs- und Sprachlernprozess befinden. Vielleicht werden sie selbst sich immer stärker in die neue Gesellschaft integrieren und fast unmerklich eine zunehmend größere Zahl von Ausdrücken aus der Umgebungssprache übernehmen. Das ist der Moment, in dem die Schwächung der Familiensprache beginnt. Immer größer wird die Versuchung, die Mehrheitssprache auch zu Hause zu sprechen, insbesondere in

Gegenwart von Personen, denen die Sprache der Familie fremd ist. Natürlich spielt das Sprachprestige der Familiensprache ebenso eine Rolle wie das mehr oder weniger starke Bestreben der Eltern, sich nicht als «Fremde», als «Nicht- Dazugehörige» zu erkennen zu geben. Wenn man nicht in einer Parallelgesellschaft leben, sondern sich in die Mehrheitsgesellschaft eingliedern möchte, ist es alles andere als angenehm, jedes Mal durch den Gebrauch seiner Sprache daran erinnert zu werden, dass man nicht dazugehört.

Das allmähliche «Abtauchen» der Herkunftssprache(n) geschieht umso leichter, je weniger Ansehen sie in der Gesellschaft genießen. Souad, eine marokkanische Mutter aus einem Pariser Vorort, spricht Französisch mit ihrer zweijährigen Tochter. Sie beherrscht die Sprache nicht besonders gut, aber sie findet, dass das marokkanische Arabisch für ihre Tochter vollkommen nutzlos ist. «Ich werde es ihr beibringen, wenn sie größer ist», verspricht die junge Mutter. Vorerst ist sie der Meinung, dass ihre Tochter Französisch lernen muss, «um in der Schule mitzukommen».

In Familien, in denen ein Partner die Landessprache beherrscht und man sich keine Gedanken über Zweisprachigkeit gemacht hat – was bei Familiensprachen mit weniger Prestige häufig der Fall ist –, ist die Erodierung der Erstsprache praktisch vorprogrammiert; spätestens in der zweiten Generation ist sie dann verloren. Die Herkunftssprache der Eltern (oder Großeltern) wird dann zur Geheimsprache der Erwachsenen, zu der die neue Generation keinen Zugang mehr hat.

Sprachen im Rad der Zeit

«Ich bin Deutsch-Polin und lebe in Frankreich. Ich selbst bin mit Französisch, Deutsch, Englisch und Polnisch groß geworden. Mein Mann ist ein in Deutschland aufgewachsener Vietnamese, er spricht Englisch, Französisch und Deutsch. Ich habe beschlossen, mit meinen Kindern Deutsch zusprechen, denn das ist meine Gefühlssprache, die Sprache, die ‹von Herzen› kommt, in der ich mich am wohlsten fühle. Meine Kinder sind zehn und drei Jahre alt. Die Ältere hat mit zwei Jahren perfekt Deutsch und Französisch gesprochen, fast wie eine kleine Erwachsene, aber zwischen vier und sechs Jahren hat sie sich geweigert, etwas anders als Französisch zu sprechen. Danach fand sie zur Zweisprachigkeit zurück und akzeptierte auch ihre multikulturelle Herkunft. Bei ihr bin ich immer fest geblieben, was die Sprache betraf, doch war ich zugegebenermaßen des öfteren drauf und dran aufzugeben. Heute ist sie perfekt zweisprachig und spricht nur noch Deutsch mit mir (und mit ihrer kleinen Schwester) und Französisch mit ihrem Vater. Mit der jüngeren Tochter ist alles komplizierter: sie sprach von Anfang an nur Französisch mit mir und wird zornig, wenn ich Deutsch mit ihr spreche, obwohl sie alles versteht. Für ihr Alter drückt sie sich schon sehr gut aus. Ich lebe nun seit 15 Jahren in Frankreich, unsere ganze Umgebung ist französisch: ich frage mich, wie ich es anstellen soll, meine Tochter nicht vor den Kopf zu stoßen und die Kraft zu finden, weiter Deutsch mit ihr zu sprechen; ich bin schon ziemlich frustriert, dass mein Kind sich weigert, meine «Muttersprache» mit mir zu sprechen.»

Wenn man nach langen Jahren nur wenige Kontakte zu Familienmitgliedern im Herkunftsland hat, wird es für den «Hüter» der Muttersprache immer schwerer, diese weiterzugeben. Das eigene Sprachverhältnis ändert sich, die Erstsprache wird von der Zweitsprache abgelöst. Die Kinder ihrerseits passen sich der neuen Situation nur zu leicht an, indem sie die schwache Sprache der Mutter (oder des Vaters) immer mehr vernachlässigen. Es ist sinnlos, auf die Kinder als «Hüter des Grals», der schwachen Sprache, zu zählen! Tatsache ist, dass ohne ein starkes soziales Netz (Freunde, Vereine usw.) außerhalb der Familie die Zweisprachigkeit nicht aufrechtzuerhalten ist.

8. Zweisprachig durch Sprachenlernen

Der Traum vom zweisprachigen Kind

Zu einem Zeitpunkt, wo fast täglich von den Glanzleistungen des «kompetenten Säuglings» und vom «forschenden Kleinkind» berichtet wird, werden inzwischen auch in Deutschland Stimmen laut, die dazu auffordern, diese erstaunlichen Fähigkeiten frühestmöglich zu fördern.

So hoffen zahlreiche Eltern, durch Frühlernkurse ihrem Kind das Sprachenlernen zu erleichtern. Davon zeugt die steigende Zahl diverser «Spielsprachschulen» und «Kindersprachclubs», deren Konzept der öffentlichen Meinung entgegenkommt, dass Sprachen «je früher, desto besser» erlernt werden können. Inzwischen hat das «frühe» Sprachenlernen auch in den Grundschulen aller Bundesländer Einzug gehalten und auch hier ist die Erwartung der Eltern groß, dass ihre Kinder möglichst schnell von kompetenten Pädagogen zu gewandten Mehrsprachigen ausgebildet werden.

In diesem Kapitel beschäftigen wir uns mit den verschiedenen Möglichkeiten, die sich monolingualen Eltern bieten, um ihren Kindern zur Mehrsprachigkeit zu verhelfen. Es geht also hauptsächlich um den Kontakt mit einer gesellschaftlich hoch geschätzten Sprache, die deutschsprachige Kinder im Sprachunterricht der Grundschule, in bilingualen Klassen, Sprachenschulen oder -clubs erlernen.

Elisabeth ist Deutsche und seit jeher sehr sprachinteressiert. Sie spricht sehr gut Englisch und möchte bei ihrer zweijährigen Tochter Antonia ebenfalls das Interesse an Sprachen wecken. Sie hat einen Sprachlehrgang für Kleinkinder erworben und spielt ihrer Tochter gemäß der mitgelieferten Anleitung regelmäßig die «Lektionen» vor. Antonia ist von den bunten Bildern sehr angetan und freut sich jedes Mal, wenn ihre Mutter den Fernsehapparat einschaltet. Nach mehreren Wochen mag die Kleine zwar immer noch die DVD, macht aber keinerlei Anstalten, Englisch sprechen zu wollen.

Julien, 15 Monate, hat französische Eltern. Seit er drei Monate alt ist, verbringt er die Wochentage bei einer spanischen Tagesmutter, die von den Eltern gebeten wurde, sich in Gegenwart des Kleinen nur ihrer Muttersprache zu bedienen. Die Tagesmutter kümmert sich rührend um Julien, sie füttert ihn, fährt ihn spazieren, spielt und singt mit ihm – und bietet ihm dadurch ein reichhaltiges Sprachangebot, sodass Julien mit zehn Monaten sein erstes Wort auf Spanisch ausgesprochen hat!

Anselm, 18 Monate, wächst in Deutschland auf und verbringt die Wochentage bei einer tunesischen Tagesmutter. Diese spricht Deutsch mit dem Jungen, aber Arabisch mit ihren eigenen Kindern, wenn diese mittags aus der Schule kommen. Beim Spielen zu Hause gebraucht Anselm häufig Wörter, die sich Arabisch anhören, «Wörter, die ich selbst unfähig wäre, auszusprechen», sagt seine Mutter.

Laura, drei Jahre, besucht einen französischen Kindergarten in Deutschland. Alle Betätigungen dort finden auf Französisch mit Erzieherinnen statt, von denen einige Deutsch nicht beherrschen. Die Kleine befindet sich fünf Tage in der Woche in einem fast vollkommenen französischen Sprachbad.

Die sprachlichen Aktivitäten der Kinder – vom passiven Übersich-ergehen-Lassen der englischen DVD über das Mithören von Gesprächen auf Arabisch bis zur direkten Interaktion zwischen Kleinkind und Erwachsenem – lassen kaum einen Zweifel zu: Julien, der von der spanischen Tagesmutter behütet wird, hat natürlich die besten Chancen, zweisprachig zu werden, vorausgesetzt, das spanische Sprachangebot bleibt noch längere Zeit bestehen. Ebenso hat Laura gute Aussichten, zweisprachig zu werden, wenn sie ihre gesamte Schulzeit im bilingualen Zweig verbringt. Dagegen wird Antonia wohl kaum über das Wiederholen einzelner Wörter und Satzteile hinauskommen, falls sie nicht schon vorher der Lektionen im Fernseher überdrüssig wird.

Wir haben bereits gesehen, dass die Berieselung durch den Fernsehapparat nicht ausreicht, damit ein Kind sprechen lernt. Ebenso wenig genügt es, ein kleines Kind vor eine Sendung zu setzen, in der Hoffnung, die zweite Sprache werde ihm «zufliegen».

Je früher, desto besser?

Hören wir, was eine Erzieherin in einem deutschen Kindergarten in Frankreich sagt: «Was das Erlernen der deutschen Sprache angeht, so ist das erste Kindergartenjahr bei den Zwei- bis Dreijährigen ziemlich enttäuschend – für die Eltern und für uns Erzieher. Von den Kindern kommt praktisch überhaupt nichts, manche machen sogar den Eindruck, dass sie gegenüber der deutschen Sprache völlig verschlossen sind. Im zweiten Jahr kommt auch noch nicht viel, immerhin wiederholen sie jetzt schon Ausdrücke oder kleine Sätze. Erst im dritten Jahr, mit fünf Jahren, beginnen sie, mit uns zu sprechen und man merkt, dass sie schon ziemlich viel gespeichert haben.»

Anstatt einen Sprachlehrgang für Kleinkinder zu erstehen oder selbst zum Fremdsprachenvermittler zu werden, verlassen sich manche Eltern lieber auf die Frühlernkurse diverser Sprachenschulen oder -clubs.

Zwar ist die Idee verlockend, sein Kind mit drei Jahren durch einige Wochenstunden «spielerisches Lernen» zur Zweisprachigkeit zu bringen, aber leider steht das zu erwartende Ergebnis meist in keinem Verhältnis zum finanziellen Aufwand. Die offensichtliche Problemlosigkeit, mit der kleine Kinder sich untereinander verständigen, auch wenn sie nicht dieselbe Sprache sprechen, rührt daher, dass der größte Teil der Konversation in diesem Alter kontextgebunden ist und die Verständigung über außersprachliche Indizien verläuft. Hinsichtlich ihrer Ausdrucksfähigkeit in der Zweitsprache sind jüngere Kinder, verglichen mit denen, die später mit dem Lernen angefangen haben, jedoch weit im Rückstand. Der Grund dafür ist, dass der Spracherwerbsrhythmus in der Zweitsprache dem generellen kindlichen Entwicklungsstand untergeordnet ist. So kann man zum Beispiel nicht erwarten, dass ein Kind ganze Sätze im Kinderclub hervorbringt, wenn dieser Meilenstein beim Erwerb der Muttersprache noch nicht erreicht ist.

Als das Ehepaar K. beschloss, seine beiden Töchter im Alter von drei bzw. vier Jahren sollten so früh wie möglich zweisprachig werden, hatte es nicht mit der Sprachentwicklung der Kinder gerechnet, die einem eigenen Rhythmus folgt. Die Eltern hatten beschlossen, ihren Kindern durch Privatstunden Englisch beibringen zu lassen und eine stolze Summe für den Intensivunterricht im Voraus bezahlt. Leider entsprach das Ergebnis nach einem Jahr nicht ihren Erwartungen, denn außer einigen Liedern und Reimen hatten die Kinder nichts vorzuweisen. Sehr enttäuscht gab das Ehepaar seinen Traum von zweisprachigen Kindern auf! Wahrscheinlich hätten sie ebenso gut den Englischunterricht in der Grundschule abwarten können, die Lieder und Reime und ein paar kleine Sätze hätten sie dann keinen Cent gekostet.

Die Angebote für das Früherlernen einer Fremdsprache, meistens Englisch, sind in den letzten Jahren stark gestiegen. Man sollte diese Methoden genau unter die Lupe nehmen, denn nicht alle stützen sich auf eine Kenntnis der frühkindlichen Lernmechanismen. So genügt es zum Beispiel keinesfalls, ein Kind vor dem Bildschirm Wörter oder Sätze auf Englisch wiederholen zu lassen.

Kurze Filme können wohl ein zusätzliches Fördermittel der Zweitsprache sein, aber sie ersetzen auf keinen Fall die Interaktion mit anderen Kindern oder Erwachsenen. Eines sei ganz klar gesagt: keine «Methode», die nur über Kassetten und Fernseher läuft, kann einem Kind eine zweite Sprache so nahe bringen, dass es nach einigen Monaten fähig ist, sich im alltäglichen konkreten Kontext der Sprache zu bedienen. Allerdings bringt der sehr frühe Kontakt mit einer Sprache andere Vorteile, auf die wir später zurückkommen werden. Was die Sprechfähigkeit in der zweiten Sprache betrifft, so kann man auch vom «Unterricht» in der Gruppe nicht erwarten, dass die Kinder tatsächlich die neue Sprache gebrauchen lernen. Man sollte nicht vergessen, dass die «Lernsituation» höchst künstlich ist, da alle Kinder bereits über ausgeprägte Sprachkenntnisse in ihrer Muttersprache verfügen. Die zweite Sprache ist für sie keineswegs «notwendig», sie können sie also verweigern.

Je später, desto schneller!

Es hat sich herausgestellt, dass in mancher Beziehung das Zweitsprachenlernen nach der Pubertät und bei Erwachsenen, zumindest im Anfangsstadium, schneller vorangeht als bei Kindern. Vergleicht man die Sprechfähigkeit von Kindern unterschiedlichen Alters in der Zweitsprache, so gilt, dass größere Kinder schneller Fortschritte machen als die jüngeren. So sind nach einem Jahr Immersion in der Zweitsprache (also in einem Kindergarten, in dem nur die Zweitsprache gesprochen wird) die Sprechfähigkeiten eines Vierjährigen weit hinter denen eines Siebenjährigen zurück, der die Sprachimmersion mit sechs Jahren begonnen hat! Was Anzahl und Form der Äußerungen sowie das Textverständnis betrifft, schneiden die Siebenjährigen erheblich besser ab. Die Immersionsschulen in Kanada liefern dafür ein interessantes Beispiel: Dort beginnt die Französisch-Immersion der englischsprachigen Kinder in einigen Schulen bereits mit fünf Jahren, in anderen erst mit elf. Auch dort bestätigt sich, dass nach einem Jahr Immersion die älteren Kinder den jüngeren bezüglich der Sprechfähigkeit im Französischen weit voraus sind![137] In den Niederlanden untersuchte man die Sprachfertigkeiten von englischsprachigen Einwanderern, die sich seit drei Monaten im Land aufhielten.[138] Mit Ausnahme der Aussprache schnitten die Erwachsenen im Vergleich zu drei- und vierjährigen Kindern in allen Bereichen der Fremdsprache besser ab. Nach einem Jahr jedoch verringerte sich der Abstand und die Erwachsenen waren dann nur noch im Vokabellernen besser als die Kinder.

Kurzfristig gesehen ist also der Spracherwerbsrhythmus umso schneller, je besser die Erstsprache ausgebildet ist. Nach ein bis zwei Jahren Sprachenlernen dreht sich der Spieß allerdings um; dann sind es die jüngeren Kinder, die die größeren Fortschritte machen, denn sie werden ihre Sprachgewandtheit nun rascher ausbauen als die älteren Kinder, die schneller «aufgeben» und deren Sprachkompetenz auf einer niedrigeren Sprachebene stehen bleibt.

Selbst entschiedene Befürworter des frühen Sprachenlernens bestätigen, dass das frühe Alter allein keine Erfolgsgarantie für den

Zweitspracherwerb ist, und relativieren auf diese Weise den vermeintlichen Vorteil der Kinder dabei. Nach neuesten Erkenntnissen ist für ein erfolgreiches Sprachenlernen tatsächlich weniger das Alter von Bedeutung, als die Art, wie die Sprache vermittelt wird.[139]

Auf die Methode kommt es an

Heute geht man davon aus, dass eine Zweitsprache bis zum Alter von sechs oder sieben Jahren intuitiv erworben wird, und der Sprachlerner danach nicht mehr auf die «natürlichen» Erwerbsmechanismen der frühen Kindheit zurückgreifen kann. Mit spätestens sieben Jahren wenden Kinder, genauso wie Erwachsene, allgemeine Lösungsstrategien an. Wie wir in einem vorangegangenen Kapitel gesehen haben, folgt der Erwerb bestimmter Strukturen der Zweitsprache, ungeachtet des Alters der Lernenden und unabhängig von der jeweiligen Erstsprache, einem eigenen Rhythmus. Diese Erkenntnis und die allgemein verbreitete Vorstellung, dass ein Kind jegliches Wissen aufsaugt «wie ein Schwamm», dürfte Pädagogen dazu verleitet haben, den Sprachunterricht in der Grundschule auch bei den über Siebenjährigen auf «natürliche» Methoden zu gründen. Letztere beruhen zumeist auf implizitem Lernen, was bedeutet, dass das Kind in kurzen Unterrichtseinheiten direkt der Zweitsprache ausgesetzt ist, ohne Zuhilfenahme seiner Muttersprache. Man erwartet von ihm, dass es, wie beim Erwerb der Muttersprache, die Sprachregeln «implizit», also intuitiv erarbeitet. Dazu werden kleine Dialoge eingeübt, Lieder und Reime auswendig gelernt. Im Gegensatz dazu beruht die explizite Methode, wie sie Generationen von Schülern erlebt haben, auf dem Analysieren der Fremdsprache unter Zuhilfenahme der Muttersprache. Regeln werden erklärt, erlernt und in Übungen angewendet.

Eine ganze Reihe von Untersuchungen hat in den letzten Jahren die beiden Methoden des Zweitsprachunterrichts miteinander verglichen und ist zu dem Schluss gekommen, dass die bessere Methode bei Erwachsenen und größeren Kindern das explizite Lernen ist.[140] Lediglich bei unter Siebenjährigen ist die intuitive Methode erfolgreich. Da die Einschulung allerdings häufig erst mit sieben

Jahren stattfindet, ist die intuitive Methode bereits in der Grundschule problematisch.

Wie früh ist «früh»?

Trotzdem hält man in der Grundschule generell an dieser Methode fest – wohl nicht zuletzt deshalb, weil die Meinung vorherrscht, dies sei die angenehmere Art des Sprachenlernens. Ihre Anwendung in der Grundschule ist auch deshalb problematisch, weil in ihrer Besonderheit gleichzeitig ihre Grenzen innerhalb des Sprachunterrichts liegen: Beim impliziten, intuitiven Lernen beruht der Spracherwerb auf dem allmählichen Aufbau mittels eines reichhaltigen und vielseitigen Sprachangebots. Eine Wirkung lässt sich daher nur erzielen, wenn der Sprachkontakt lang und intensiv genug ist. Das aber ist innerhalb der vorgegebenen Zeit für das frühe Sprachenlernen – maximal zwei Unterrichtsstunden pro Woche – unmöglich. «In der Grundschule kann der intuitive Spracherwerb der Kinder nur erfolgreich sein, wenn das Faktum der nicht ausreichenden Zeit kompensiert wird durch eine sprachstrukturelle Planung», urteilt die Linguistin Heidemarie Sarter.[141] Mit anderen Worten, wenn intuitives Lernen mit expliziten Methoden kombiniert wird.

Intuitives Lernen, das dem Spracherwerb in natürlicher Umgebung gleichkommt, ist äußerst zeitintensiv; ein Jahr Spracherwerb in natürlicher Umgebung entspricht etwa 18 Jahren Spracherwerb in der Schule![142] In einer klassischen Studie machte Barry McLaughlin folgende Rechnung auf: Im Alter zwischen einem und sechs Jahren ist ein Kind etwa fünf Stunden pro Tag der Sprache ausgesetzt, insgesamt also 9000 Stunden. Ein Schüler, der sieben Jahre lang, 34 Wochen pro Jahr und drei Stunden pro Woche, einen Sprachunterricht erhält, in dem ausschließlich die zu erlernende Sprache gebraucht wird, wird am Ende dieses Zeitraums ganze 714 Stunden Sprachkontakt erlebt haben![143] Daraus ist klar ersichtlich, dass ein Sprachunterricht in der Grundschule, der die intuitive Methode nur während der dafür vorgesehenen zwei Wochenstunden anwendet, für die Kinder von keinerlei Nutzen sein wird, jedenfalls nicht, was die Sprechfähigkeit in der Zweitsprache anbelangt!

Es kommt immer anders

Zu den Auswirkungen des frühen Sprachlernens in der Grundschule auf die Sprachkompetenz der Schüler in den weiterführenden Schulen scheint es in Deutschland noch keine langfristigen Untersuchungen zu geben. In Frankreich, wo die erste «Sensibilisierung» (durch intuitives Lernen) bereits Ende der 1980er Jahre zunächst bei den Viertklässlern gestartet wurde, gibt es bereits verschiedene Evaluationen, die auf die sehr disparaten Ergebnisse als Folge der unterschiedlichen Unterrichtsmethoden hinweisen.

So kommt eine Untersuchung[144] der Wirksamkeit verschiedener Methoden zu dem Schluss, dass gute Schüler in jedem Fall vom Fremdsprachenunterricht profitieren. Mittelmäßige bis schwache Schüler zeigen sich von der «natürlichen» Methode ganz klar überfordert, während ihnen die «klassische», explizite Methode weder Vor- noch Nachteile bringt. Anders gesagt, die natürliche Methode vergrößert den Leistungsabstand zwischen guten und schwachen Schülern nur noch, statt ihn zu verkleinern.

Der frühe und sehr frühe Kontakt mit einer Zweitsprache stellt demnach keineswegs die ideale Lösung des Sprachenlernens dar, wenn nicht die Methoden dem Alter des Kindes angemessen sind und zudem der Zeitfaktor berücksichtigt wird. Unter den gegebenen Umständen muss man leider feststellen, dass sich das Ziel, eine zweite Sprache effizienter zu erlernen, weder in «Spielsprachschulen» oder Kindersprachclubs noch im Grundschulunterricht erreichen lässt.

Nun ist die unmittelbare Nützlichkeit nicht unbedingt das einzige und vielleicht nicht einmal das ausschlaggebende Kriterium des frühen Sprachenlernens. So hat der frühe Kontakt mit einer anderen Sprache – selbst wenn sprachliche Glanzleistungen auf sich warten lassen – eine positive Wirkung auf die gesamte kindliche Entwicklung. Das Erlernen von neuem Vokabular, von Reimen und Liedern erweitert den Sprachhorizont, das Kind erfährt, dass man gleiche Dinge anders benennen kann, es lernt, Wörter zu vergleichen und sich mit der eigenen Sprache auseinanderzusetzen: seine metalinguistischen Fähigkeiten werden geweckt und gestärkt. Diese wiederum sind eine Grundvoraussetzung des Lesenlernens und tragen, rückwirkend betrachtet, zur Förderung der muttersprachlichen Fähigkeiten bei![145]

Ein anderer Vorteil der frühen, spielerischen Einführung in eine Zweitsprache im Kindergartenalter ist die Einstellung der Kinder Fremdsprachen gegenüber: Kinder mit frühzeitiger Fremdsprachenerfahrung haben erwiesenermaßen später weniger Scheu, die Sprache zu gebrauchen, sie sehen gern Filme in der Fremdsprache, suchen den Kontakt mit Menschen, die diese Sprache sprechen, und sind allgemein neugierig auf andere Sprachen.

Am offensichtlichsten sind die positiven Auswirkungen in der einzigen wirklich effizienten Methode des frühen Sprachlernens: der Immersion, bei der alle oder einige Fächer in der Zweitsprache unterrichtet werden. Zahlreiche Studien haben aufgezeigt, dass sich die frühe bis sehr frühe Immersion positiv auf die gesamte intellektuelle Entwicklung auswirkt.[146]

Was folgt daraus?

Das sehr frühe Erlernen einer Fremdsprache, noch vor der Grundschule, ist ein langfristiges Unterfangen, bei dem der «hörbare» Erfolg auf sich warten lässt. Bevor man sein Kind in der zweisprachigen Schule oder im Frühlernkurs anmeldet, sollte man sich deshalb Gedanken über die damit verbundenen Erwartungen machen. Eltern, die ihrem Kind eine doppelte Sprachkompetenz mit auf den Weg geben wollen, sollten bereits im Kindergarten mit dem Zweitspracherwerb beginnen und die zweisprachige Bildung so lange wie möglich durchhalten. Natürlich darf eine zweisprachige Erziehung nicht generelle allgemeine Regeln außer Acht lassen: So ist darauf zu achten, dass im Vorschulalter die zweite Sprache als Kommunikationsmittel in ganz normalen Spielsituationen eingesetzt wird; auf keinen Fall darf sie «unterrichtet» werden. Die Erzieherinnen oder Erzieher sollten Muttersprachler sein und außerdem eine entsprechende pädagogische Ausbildung haben – was nicht immer der Fall ist, wenn eine Schule dringend Muttersprachler sucht. Von den Eltern darf erwartet werden, dass sie sich selbst in das Projekt einbringen, indem sie den Sprachkontakt außerhalb der Gruppe oder des Kindergartens zu verlängern suchen, beispielsweise durch Reisen, Kontakte, Bücher oder Filme.

A. Geiger-Jaillet von der Lehrerbildungsanstalt im Elsass (IUFM Alsace) betont, dass es ebenfalls wichtig sei, dem Kind zu erklären, warum es einen zweisprachigen Schulzweig besuchen soll. Nur dann würde die zusätzliche Anstrengung vom Kind als sinnvoll akzeptiert werden und die unabdingbare Begeisterung für die zweite Sprache entstehen.[147]

Englisch für alle und alles auf Englisch?

Meine Ausführungen wären nicht vollständig, wenn wir uns nicht die Frage der Sprachwahl im frühen Sprachunterricht stellen würden. Dass Englisch weltweit Arbeitssprache in Wirtschaft und Forschung geworden ist, daran besteht kein Zweifel. Englisch ist schon längst «lingua franca», eine Art Esperanto, das mit der Sprache eines William Shakespeare oder eines John Fitzgerald nichts mehr gemeinsam hat. Sehr gute Englischkenntnisse sind inzwischen sozial und beruflich unumgänglich. Es ist deshalb nicht erstaunlich, dass allgemein der Glaube verbreitet ist, durch frühes Englischlernen könne die Sprache leichter und effizienter gemeistert werden. Wir haben bis jetzt zu verstehen versucht, warum «früher» sich nicht unbedingt mit «besser» reimt; wir sollten uns nun auch fragen, ob Englisch tatsächlich die beste Wahl für den frühen Unterricht darstellt.

Die Befürworter von Englisch im frühen Sprachunterricht sind der Ansicht, Englisch sei eine «leichte» Sprache, die kleine Kinder demnach rasch erlernen würden. Die Befürworter des frühen Sprachenlernens setzen auf die vermeintlich außerordentlichen Fähigkeiten von Sieben- bis Achtjährigen, eine Zweitsprache «mühelos», da natürlich, zu erwerben.

Daraus entsteht die paradoxe Situation, dass Kinder in der «leicht» zu lernenden Sprache Englisch in einem Alter und mit einer Methode unterrichtet werden, die in keinem Verhältnis zum angestrebten Ziel des Erwerbs eines unmittelbar verwendbaren Kommunikationsmittels steht. Die erwartete Nützlichkeit des frühen Englischunterrichts bewirkt, dass die Aufmerksamkeit von Eltern, Lehrern und Schülern auf die unverzügliche Sprechfähigkeit gerichtet ist. Leider ist das Erlernen einer Sprache, außer im intensiven Immersionsunterricht, ein langsamer Vorgang; es ist ein langwieriges, stufenweises Erklimmen der Zweitsprachleiter. Deshalb ist, nach Meinung vieler Linguisten, der frühe Englischunterricht eine Falle: Indem die Erfolgserwartungen aller Beteiligten auf unmittelbare Ziele ausgerichtet sind, ist die Enttäuschung über den nicht schnell genug eintretenden Erfolg und die damit verbundene Kritik bereits vorprogrammiert.[148]

Angenommen, dass Basis-Englisch (also hauptsächlich Wortschatz und einfache Grammatikformen) tatsächlich für deutsche Muttersprachler verhältnismäßig leicht zu erlernen ist, und angenommen auch, dass weniger das Alter als die Methode Tempo und Erfolg des Sprachenlernens bestimmt, wäre es angemessener, das Erlernen der späteren Arbeitssprache Englisch, wie gehabt, den weiterführenden Schulen zu überlassen. Die Fähigkeiten von Kindern unter sieben Jahren, Sprachen «mühelos» zu erlernen, sollten vielmehr dahingehend genutzt werden, durch ein nachhaltiges und vielfältiges Sprachangebot alle Kinder zur natürlichen Zweisprachigkeit mit weniger erwartungsgeladenen Sprachen zu bringen.

Ziel des frühen Sprachenlernens sollte es sein, in den Grenzregionen die Sprachen der Nachbarländer zu vermitteln und im Landesinneren die Sprachen, die von einem Teil der Mitbürger gesprochen werden. «Minderheitensprachen» wie Türkisch, Armenisch, Kroatisch und viele andere mehr würden dadurch zu neuem Ansehen kommen, ganz abgesehen von dem kognitiven und phonetischen Vorteil, der einsprachig deutschen Kindern aus dem Kontakt mit einer phonetisch weit entfernten Sprache erwachsen würde. Erfreulicherweise haben fortschrittliche Pädagogen bereits die Initiative ergriffen und zweisprachige türkisch-deutsche oder griechisch-deutsche Kindertagesstätten gegründet. Sie leisten damit einen wertvollen Beitrag zur innerdeutschen Verständigung. Es bleibt zu hoffen, dass weitere Initiativen in dieser Richtung folgen.

Der Traum vom zweisprachigen Kind

Tatsächlich sollte die Zielsetzung des frühen (ab 7) und sehr frühen (unter 7) Sprachunterrichts nicht auf unmittelbare Sprechfertigkeiten ausgerichtet sein, sondern auf die Verbesserung allgemeiner Fähigkeiten, darunter auch die, weitere Sprachen mit konventionellen Methoden effektiver zu erlernen. Durch die frühe zweisprachige Bildung aller Kinder ließe sich eine kognitive und sprachliche Grundlage schaffen, auf der dann der klassische Fremdsprachenunterricht der weiterführenden Schulen mit Englisch und einer dritten Sprache erfolgreicher als bisher aufbauen könnte.

9. Schlussbemerkungen

Durch den Bau eines bis zum Himmel reichenden Turms versuchten die Bewohner Babylons, die Unendlichkeit zu erreichen. Um ihre Selbstherrlichkeit zu bestrafen, so berichtet die Bibel, spaltete Gott die Zungen der Turmbauer von Babel, sodass sie sich nicht mehr verständigen konnten und den Bau einstellen mussten. Der Mythos der «babylonischen Sprachverwirrung» ist tief im Kollektivbewusstsein verankert, und deshalb ist es kein Wunder, dass all denen mit Skepsis begegnet wird, die die Sprache der Majorität mit «fremden» Sprachen durchdringen, umformen und bereichern. Das für Einsprachige befremdliche Sprachverhalten, das Ingrid Gogolin als «sprachliches Grenzgängertum» beschreibt,[149] gilt, nicht nur in Deutschland, als Risikofaktor für den Bildungserfolg.

Dennoch, Sprachenkontakt ist in Deutschland schon lange Realität, und inzwischen wird auch auf höchster Ebene nicht mehr geleugnet, was sich seit Jahren abzeichnet: Deutschland ist ein multikulturelles und vielsprachiges Land! Leider hat diese Erkenntnis bislang erst wenige Früchte getragen, auch wenn der kürzlich vorgestellte nationale Integrationsplan interessante Ansätze hinsichtlich der Legitimierung der Sprachen Zugewanderter aufweist.

Verglichen mit anderen europäischen Ländern bedarf die vorschulische Sprachförderung und Bildung in Deutschland dringend der Reform. Ein Erziehungssystem, das die frühkindliche Bildung – häufig bis zum Alter von sieben Jahren – einer bunten Auswahl an Einrichtungen unterschiedlichster Qualität überlässt, wirkt im 21. Jahrhundert ganz einfach archaisch. Es ist untragbar, dass es in Deutschland Kinder gibt, die bis zum Eintritt in die Grundschule keine Sozialisierung außerhalb der Familie und somit keinen systematischen Kontakt mit der deutschen Sprache erfahren haben. Ebenso ist es unzumutbar, dass in manchen Kindertagesstätten die

Kinder um bis zu ein Jahr in ihrer Entwicklung hinter denen zurück sind, die eine bessere Betreuung erfahren![150]

Der heutige Kenntnisstand hinsichtlich des kindlichen Lernverhaltens in den ersten Jahren sowie die Anforderungen der modernen Gesellschaft an den Einzelnen machen es vor dem Hintergrund einer durch Migrationen komplexeren Gesellschaftsstruktur unumgänglich, dass der frühen Förderung und Bildung *aller* in Deutschland lebenden Kinder Priorität eingeräumt wird. Dabei ist eine spezielle Sprachförderung für Kinder, die in der Familie keinen Zugang zu Deutsch haben, dringend notwendig. Zwar gibt es eine große Auswahl an örtlich begrenzten Förderprogrammen, wie Opstapje, Hippy oder Rucksack, die aber ein bundesweites frühkindliches Bildungs- und Sprachförderungssystem nicht ersetzen können.

Ohne einen starken politischen Willen und die entsprechenden finanziellen Mittel wird es kaum möglich sein, einen konfliktfreien und bereichernden Sprachenkontakt für alle im Lande lebenden Bürger zu erreichen. Niemand sollte in Deutschland gezwungen sein oder auch nur den Druck verspüren, in einem Prozess der Assimilierung seine Muttersprache aufgeben zu müssen. Aber niemand sollte auch der Neigung nachgeben, die Sprache der Gesellschaft, in der er lebt, als «fremd» abzulehnen, und sich in sein herkunftssprachliches Schneckenhaus, sprich in eine Parallelgesellschaft, zurückzuziehen. Jim Cummins' Wunsch gilt auch für Deutschland: «Das kulturelle, sprachliche und intellektuelle Kapital unserer Gesellschaften wird dann stark vergrößert werden, wenn wir die sprachlich und kulturell andersartigen Kinder nicht mehr als «ein zu lösendes Problem» betrachten, sondern uns dem sprachlichen, kulturellen und intellektuellen Reichtum öffnen, den diese Kinder in unsere Schulen und unsere Gesellschaften bringen.»[151]

Mehrsprachigkeit, von der Europäischen Kommission zum Kennzeichen der Bürger Europas erklärt, sollte Erziehungsziel bei anderssprachigen Kindern werden, in der Familie, in Tageseinrichtungen wie auch in Schulen.

Da Zwei- bzw. Mehrsprachigkeit nicht nur ein besonderes Sprachverhalten beinhaltet, sondern auch die Persönlichkeit formt und bei der Identitätsfindung eine wichtige Rolle spielt, sollten

Eltern und Erzieher Rat und Unterstützung finden können, um eine harmonische Entwicklung auf dem Weg dahin zu gewährleisten. Sie sollten wissen, dass es Geduld und Beharrlichkeit braucht, sein Kind auf dem Weg des bilingualen Spracherwerbs zu begleiten; denn Spracherwerb ist ein langwieriger Prozess und Erfolgserlebnisse lassen manchmal auf sich warten. Trotz aller Schwierigkeiten, die die zweisprachige Erziehung mit sich bringt, sollten Eltern und Erzieher nie daran zweifeln, dass es sich lohnt, beharrlich zu sein, denn die Vorteile überwiegen bei weitem die in Kauf genommenen Anstrengungen. Eltern sollten sich auch dessen bewusst sein, dass sie einen bedeutenden gesellschaftlichen Beitrag leisten: Indem sie ihren Kindern vielseitige sprachliche und kulturelle Kompetenzen vermitteln, erziehen sie sie zu toleranten, weltoffenen Bürgern von morgen!

Epilog

Wie es zu diesem Buch kam

«Können Sie sich vorstellen, Ihr Buch auf Deutsch zu schreiben?»
«Äh ...»
«Sie sind doch selbst zweisprachig? Deutsch ist Ihre Muttersprache, nicht wahr?»
«Ja, schon, aber ...»
Mein erstes Gespräch mit dem deutschen Lektor verlief stockend. Nicht, dass ich Schwierigkeiten gehabt hätte, seine Frage zu verstehen, schließlich bin ich Deutsche (obwohl, wie «deutsch» ist man, wenn man die längste Zeit seines Lebens im Ausland verbracht hat?). Nach meiner «Muttersprache» gefragt, kann ich nur mit einem klaren «Ja» antworten. Unumstritten, meine Kindheit und Jugend waren deutsch, oder genauer gesagt, bayrisch, und immer noch fühle ich mich zur Oberpfalz und dem Bayerischen Wald besonders hingezogen.

Mein Interesse für fremde Klänge und fremde Sprachen führte mich zum Studium der Neuphilologie – Englisch, Französisch, auch ein wenig Spanisch und Russisch, mit einer klaren Bevorzugung des Französischen. Eine Klassenreise nach Frankreich hatte mir noch vor dem Studium den Weg nach Paris vorgezeichnet; ich wusste, dass ich eines Tages in dieser Stadt leben würde.

Viele Jahre später, nach dem Staatsexamen und einem Aufenthalt in Nordafrika, landete ich schließlich mit meinem Partner in Paris. Frankreich, das Nachbarland, so nah und doch so fern, wurde nun meine – Heimat? Nein, das ging nicht so schnell! Zwar hatte mir meine Zeit im zweisprachigen Algerien geholfen, mein Schulfranzösisch abzulegen und endlich die Umgangssprache zu erlernen. Nur hatte ich mir nun den algerischen Akzent und die entsprechende Ausdrucksweise zugelegt, was sich, aus dem Munde einer

Deutschen kommend, für empfindliche Pariser Ohren ungefähr so anhören musste wie Holzfällen.

Ja, die ersten Jahre waren schwer, mit meiner direkten deutschen Art und meinem Holzhackerakzent kam ich mir oft vor «wie Bavaria im Porzellanladen». Das traf sicher auch noch Jahre später zu, als ich, Gründerin eines deutschen Kindergartens und längst ohne südländisch-deutschen Akzent, mit Kommunalpolitikern Verhandlungen führen musste. Ich tat das immer noch nach deutsch-angelsächsischer Manier, indem ich mit der Tür ins Haus fiel, anstatt Geschäftliches «entre la poire et le fromage» zu behandeln. Geschäftliche Besprechungen finden in Frankreich bekanntlich häufig beim Mittagessen statt, und man schneidet das eigentliche Thema erst beim Dessert an. Manch einen Kommunalpolitiker muss ich da gehörig vor den Kopf gestoßen haben!

Sprache und Kultur – sprich Lebensweise, Gepflogenheiten – gehören eben eng zusammen, und wenn man eine fremde Sprache auch noch so gut beherrscht, so heißt das noch lange nicht, dass man auch die kommunikationstechnischen Feinheiten der zwischenmenschlichen Beziehungen intus hat. Das ist eben der feine Unterschied zwischen Fremdsprachenbeherrschung und Zweisprachigkeit!

Womit wir wieder beim Thema wären, meinem Buch über Zweisprachigkeit, das ich auf Deutsch, in meiner Muttersprache, zu verfassen eingeladen wurde.

Jeder Mensch hat seine eigene Sprachgeschichte, je nachdem, ob er spät oder früh zu sprechen angefangen hat, ob er nur den lokalen Dialekt beherrscht oder auch die offizielle Hochsprache, ob er als Kind in einer Sprache erzogen wurde oder von Geburt an von mehreren Sprachen umgeben war. In einer befreundeten Familie stammt der Vater aus Vietnam, die Mutter aus China und die Großmutter aus Kambodscha. Die gemeinsame Sprache des Paares ist Französisch. Die kambodschanische Großmutter hütet tagsüber den dreijährigen Sohn, während die Eltern arbeiten. Das bedeutet ein vielfältiges Sprachbad für den kleinen Djanbing, ist aber nichts Besonderes, wenn man ihn mit den Bewohnern von Papua-Neuguinea vergleicht, die alle täglich mindestens sechs Sprachen gebrauchen!

Meine Sprachbiographie ist weit weniger spannend: einsprachig deutsch (bayrisch ungenügend) bis zum Gymnasium, Fremdsprachenunterricht mit Begeisterung; Sprache bedeutete für mich schon immer eine Tür in eine andere, fremde Welt.

Französisch wurde zur Sprache des Herzens, als ich meinen künftigen Mann kennenlernte, es war *unsere* Sprache. Nicht immer einfach, sich in einer fremden Sprache auszudrücken, aus den oben genannten Gründen (wie gesagt, der berühmte Unterschied zwischen Sprachbeherrschung und Zweisprachigkeit), aber mit beiderseitigem gutem Willen haben wir auftretende Missverständnisse aus dem Weg geräumt. Guten Willen und Interesse am Anderssein des Partners zeigte jeder von uns beiden schon dadurch, dass er dessen Sprache lernte.

Wenn ein binationales Paar zu Eltern wird, bekommt Sprache ein besonderes Gewicht. Beim Stand meines damaligen Französisch, das immer noch eine «fremde» Sprache für mich war, stellte sich für mich die Frage gar nicht, wie ich mit meinem ersten Kind sprechen würde. Ebenso wenig war es für uns eine Frage, dass der Vater auf Algerisch, seiner *Gefühlssprache*, mit seiner neugeborenen Tochter sprach. Diese wuchs also mit Deutsch, Algerisch und Französisch auf. Schwerpunkt war allerdings Deutsch, denn als «gute» deutsche Mutter war es für mich inakzeptabel, den französischen Müttern nachzueifern und mein Kind in eine Kinderkrippe zu geben.

So bemühte sich der Papa, seiner Tochter durch Geschichtenerzählen und Liedersingen nach einem langen Arbeitstag ihre zweite Muttersprache geläufig zu machen, während die Mama den ganzen Tag Zeit hatte, mit «Schlaf, Kindlein, schlaf» und «Hoppe, hoppe Reiter» die kleine Tochter ins deutsche Sprachbad zu tauchen.

Die ersten Worte und Sätze kamen natürlich auf Deutsch; im Alter von drei Jahren, in der *école maternelle* (der französischen Vorschule) kam dann Französisch hinzu. Als die zweite Tochter geboren wurde, war von Arabisch nicht viel mehr übrig als einige Ausdrücke und immer noch Papas Gutenachtgeschichten. Die Sprachentwicklung der beiden Töchter nahm ihren Lauf, dank Vorschule immer mehr Französisch, Deutsch noch zu Hause mit Mama, Arabisch immer weniger mit Papa, der nach der Arbeit zunehmend mehr der Versuchung verfiel, seinen Töchtern auf Französisch zu antworten.

Die Ankunft eines neuen Babys, einige Jahre später, gab dem Gutenachtgeschichten-Erzähler wieder neue Energie, während die beiden Mädchen mit dem kleinen Bruder Deutsch sprachen, untereinander aber Französisch.

Inzwischen war mit der Grundschule – *la grande école*, der großen Schule, wie man in Frankreich sagt – der Ernst des Lebens in unsere Familie eingezogen. Ab jetzt wurden der Jahresrhythmus, aber auch unsere Sprachgewohnheiten einzig und allein von der Schule geprägt.

Im sehr anspruchsvollen französischen Schulsystem war es undenkbar, den Kindern nicht bei den Hausaufgaben zu helfen; wie allen Müttern blieb mir nichts anderes übrig, als die Hilfslehrerin zu spielen. Französische Hausaufgaben korrigieren, auswendig gelernte Texte abhören, knifflige Matheaufgaben erklären – wie sollte ich das fertigbringen, ohne selbst Französisch mit den Kindern zu sprechen? Wohl habe ich in den ersten Monaten versucht, alles auf Deutsch zu erklären, bildete mir aber bald ein, erste Anzeichen von Schizophrenie bei mir festzustellen. Ab dann wurden die Hausaufgaben auf Französisch erklärt. Somit waren die Weichen zur Vorherrschaft der französischen Sprache in unserer Familie gestellt!

Als Drittsprache ist uns die arabische Sprache ziemlich schnell abhandengekommen, zumal die nordafrikanische Variante des Hocharabischen in Frankreich nicht gerade als salonfein gilt. Dank deutscher Freunde und regelmäßiger Reisen nach Bayern konnten wir Deutsch als Zweitsprache in der Familie lebendig erhalten, wenn es auch Zeiten gab, in denen die Kinder sich äußerst sprechfaul zeigten, wenn es hieß, den Kontakt zu den Großeltern und Tanten in Bayern zu pflegen.

Fast hatte ich mich damit abgefunden, dass unsere Kinder nur unzureichend zweisprachig waren, ihr Deutsch wurde tatsächlich immer holpriger. Aber zu meinem Erstaunen bemühte sich jeder von ihnen während der Schul- und Studienzeit – ganz ohne Druck meinerseits, ich schwöre! – der deutschen Sprache wieder näherzukommen. Heute sind alle drei erwachsen und zweisprachig – wenn auch mit mehr oder weniger französischem *accent*. Aber was spielt schon der Akzent oder die gelegentliche Verwechslung des Artikels für eine Rolle – alle drei lieben Deutschland und halten Berlin für die «coolste» Stadt der Welt!

Der Entwicklung meiner Kinder folgend, veränderten sich auch meine Sprachen. Im Französischen fühlte ich mich immer mehr zu Hause, während ich Deutsch nur noch im Kontakt mit der Familie benutzte. Wie konnte es auch anders sein: Französisch beim weiterführenden Studium, Französisch im Supermarkt, Französisch im Kino, im Theater, im Fernsehen, mit Freunden, mit den Lehrern, auf Kindergeburtstagen: Die mir immer vertrauter werdende Sprache beeinflusste letztendlich auch meine Denkweise. Meine Art, eine Konversation zu führen, wurde mit der Zeit ebenso französisch wie auch die Art, nach einer bestimmten Logik Gedanken zu verknüpfen. Erst als ich diese Etappe der Sprach-Integration erreicht hatte, war ich imstande, ein Buch über Mehrsprachigkeit auf Französisch zu schreiben.

Und dann kam der Vorschlag, mein Werk auf Deutsch zu verfassen, was mich erst einmal aus dem mühsam errungenen Sprachgleichgewicht brachte. Gleich vorweg sei gesagt: ich bin unfähig, zu übersetzen. Das Thema Zweisprachigkeit auf Deutsch zu behandeln, bedeutete für mich, den Weg zurück zu meiner Muttersprache zu finden, zurück zur deutschen Logik, und mir meine erste Sprache auch schriftlich wieder zu erobern.

Meine (Sprach-)Geschichte ist eine von vielen anderen, die ich im Lauf meiner Beratungstätigkeit in Frankreich kennen gelernt habe. Sie und alle anderen zeigen, wie natürlich und wie kompliziert es auch ist, mit mehreren Sprachen gleichzeitig in einem Land zu leben, in dem die Mehrheit einsprachig ist. Nur indem ich anhand meiner Geschichte zeigte, wie sich Mehrsprachigkeit anfühlt, konnte ich, wie ich hoffe, glaubwürdig darstellen, dass der frühzeitige Kontakt mit mehreren Sprachen, ungeachtet deren Stellenwert in der Gesellschaft, in jeder Hinsicht eine Bereicherung ist.

Anmerkungen

1 BMBF, «Ganztagsschule und Bildungserfolg» (http://zeitfuermehr.org/7313.php).
2 Tagung «Streitfall Zweisprachigkeit», Akademie der Wissenschaften in Hamburg, Oktober 2007 (http://www.streitfall-zweisprachigkeit.de/05_abstract.html).
3 Ibd.
4 E. Sapir, Language, Harcourt Brace, New York 1921.
5 Dieser Schlüsselbegriff wurde von dem Psychoanalytiker Daniel Stern geprägt: D. N. Stern, Le monde interpersonnel du nourrisson, PUF, Paris 1989.
6 B. Boysson-Bardies et al., «Discernable differences in the babbling of infants according to target language», Journal of Child Language, 11, 1984, p. 1–15.
7 B. Boysson-Bardies, «Les bébés babillent-ils dans leur langue maternelle?» Recherche (La) Paris 129, 102–104, 1982.
8 D. Bassano, «La constitution du lexique: le ‹développement lexical précoce›», in: M. Kail & M. Fayol, L'acquisition du langage: le langage en émergence, de la naissance à trois ans, PUF, Paris 2000, p. 140.
9 W. &. J. Butzkamm, Wie Kinder sprechen lernen, Tübingen 1999, S. 281.
10 P. Aimard, L'enfant et son langage, SIMEP, Villeurbanne 1982.
11 D. Bassano, «La constitution du lexique: le développement lexicalprécoce», in: M. Kail & M. Fayol, op. cit.
12 N. Chomsky, Language and Mind, Harcourt Brace Jovanovich, New York 1968.
13 J. S. Bruner, Going Beyond the Information Given, Norton, New York 1974.
14 J. Sachs & M. Johnson, «Language development in a hearing child of deaf parents», in: W. von Raffler-Engel & Y. Lebrun (eds), Baby Talk and Infant Speech, Swets end Zeitlinger, Amsterdam 1976.
15 N. Schiffyerrs «Hearing children of deaf parents», in: D. Bishop & K. Mogford (eds), Language Development in Exceptional Circumstances, Churchill Livingstone, New York 1988, p. 47–61.
16 Alle Zitate stammen, soweit nicht anders vermerkt, aus verschiedenen Diskussionsgruppen oder Interviews der Autorin.

17 D. Bishop & K. Mogford (eds), Language Development in Exceptional Circumstances, op. cit.
18 S. Pinker, The Language Instinct, Harper, New York 1994.
19 Vgl. Nationaler Integrationsplan der Bundesregierung, 2007. www.bundesregierung.de/.../NationalerIntegrationsplan/nationaler-intregrationsplan.html.
20 A. Anning & A. Edwards, Promoting children's learning from birth to five. Developing the new early years professional, Open University Press, Buckingham 1999.
21 A. Ninio & J. S. Bruner, «The achievement and antecedents of labeling», Journal of Child Language, 5, 1978, p. 1–15.
22 F. Grosjean, «Le bilinguisme et le biculturalisme. Essai de définition», in: Bilinguisme et biculturalisme. Théories et pratiques professionnelles, Acte du 2 e colloque d'orthophonie/logopédie, Neufchâtel, 17–18 septembre 1992.
23 J. Lefevre, http://www.tlfq.ulaval.ca/axl/Langues/1div_recens.htm.
24 Vgl. C. Baker, Foundations of Bilingual Education and Bilingualism, Multilingual matters, Ltd, Clevedon 2001.
25 C. Deprez, Les enfants bilingues: Langues et familles, Didier, Paris, 1999.
26 R. Tracy, Wie Kinder Srachen lernen. Und wie wir sie dabei unterstützen können, Francke, Tübingen 2007.
27 E. Harding & Ph. Riley, The Bilingual Family, Cambridge University Press, Cambridge 1999.
28 M. Garman, Psycholinguistics, Cambridge University Press, Cambridge 1990.
29 J. Cummins, «Linguistic interdependence and the educational development of bilingual children», Review of Educational Research, 1979, p. 49.
30 J. Crinion et al., Language Control in the Bilingual Brain, Science, vol. 312, no. 1537, 2006.
31 C. Baker, op. cit., p. 137.
32 B. T. Bowman, M. S. Donovan, M. S. Burns (eds), Eager to learn: Educating On Preschoolers, Committee on Early Childhood Pedagogy, National Research Couci, Washington, DC 2000.
33 J. Ronjat, Le développement du langage observé chez un enfant bilingue, Champion, Paris 1913, und W. F. Leopold, Speech Development of a Bilingual Child (4 vol.), Northwestern University Press, Evanston, Illinois 1939–1949.
34 Vgl. J.-F. Hamers & M. Blanc, Bilinguisme et bilingualité, Mardaga, Bruxelles 1984, p. 91.

35 C. Baker, op. cit.
36 Ibd., p. 146.
37 A. D. Ianco-Worrall, Bilingualism and Cognitive Development, in: Child Development 1972: 43. p. 1390–1400.
38 R. Bley-Vroman, «What is the logical problem of foreign language learning?», in: S. M. Gass & J. Schachter (eds), Linguistic Perspectives on Second Language Acquisition, Cambridge University Press, New York 1989, p. 41–68.
39 Lateralisierung ist die progressive Spezialisierung des Gehirns in der frühen Kindheit, in deren Folge jede der beiden Gehirnhälften bestimmte Aufgaben übernimmt.
40 E. Bialystok & K. Hakuta, «Critical Evidence: A Test of the Critical Period Hypothesis for Second Language Acquisition», Psychological Science, vol. 14, no. 1, 2003, p. 31–38.
41 E. Newport, «Maturational constraints on language learning», Cognition, 14, 1990, p. 11–29.
42 N. Francis, «Maturational Constraints in Language One and Language Two: A Second Look at the Research on Critical periods», Bilingual Research Journal, vol. 23, no. 4, 1999.
43 C. Pallier et al., «Brain Imaging of Language Plasticity in Adopted Adults: Can a Second Language Replace the First?», Cerebral Cortex, vol. 13, no. 2, 2003, p. 155–161.
44 Auf einem französischen Diskussionsforum im Internet.
45 Ausschnitt aus: Nurith Aviv, «Misafa Lesafa. D'une langue à l'autre», Dokumentarfilm, Productions Swan, ZDF/Arte, 2004.
46 G., Hofstede, Cultures et organisation, softwares of the minds, McGraw Hills, London 1991.
47 C. Levi-Srauss, Anthropologie structurale, Plon, Paris 1968.
48 D. C. Pollock & R. E. Van Reken, Third-Culture Kids: The Experience of Growing up among Worlds, Nichols Brealey Publishing/Intercultural Press, Boston 2001.
49 G. Vinsonneau, Identité des jeunes ensociété inégalitaire, Perspectives cognitives et expérimentales, L'Harmattan, Paris 2001.
50 W. E. Lambert et al., «Evaluational Reactions to spoken language», Journal of Abnormal and Social Psychology, 60, 1960, p. 44–51.
51 «Jeder träumt von Zweisprachigkeit, aber ich hätte nie gedacht, dass es so schwer sei» (Forum von www.enfantsbilingues.com).
52 Vgl. R. Bijeljac, «Acquisition de la phonologie et bilinguisme précoce», in: M. Kail & M. Fayol, L'Acquisition du langage. Le langage en émergence, de la naissance à trois ans, PUF, Paris 2000.

53 D. Slobin (ed), «The crosslinguistic study of language acquisition», vol. 1–2, Lawrence Erlsbaum, Hillsdale, New Jersey 1985.
54 S. Quay, in: N. Sethuraman, Literature Review on language acquisition of monolingual children, bilingual children and second language learners, University of California, San Diego Center for Educational Technology, Middlebury College 1995.
55 R. Berger et al, Untersuchungen zum Sprachstand vierjähriger Vorschulkinder, 2004; http://www.egms.de/en/meetings/dgpp2004/04dgpp68.shtml.
56 D. Pearson et al., «Assessing Lexical Development in Bilingual Babies and Toddlers», International Journal of Bilingualism, 2(3), 1998.
57 G. Varro, La femme tansplantée. Une étude du mariage franco-américain et le bilinguisme des enfants. PUL, Lille 1984.
58 C. Deprez, «Le jeu des langues dans les familles bilingues d'origine étrangère», Estudios de Sociolinguistica, 1(1), 2000, p. 59–74.
59 Vgl. F. Grosjean, Life with Two Languages: an Introduction to Bilingualism, Cambridge Mass. 1983.
60 Ibd.
61 V. Volterra & T. Taeschner, «The acquisition and development of language by bilingual children», Journal of Child Language, 5, 1978, p. 311–326.
62 U. Lanvers, «Lexical Growth Patterns in a bilingual Infant: The Occurrence and Significance of Equivalents in the Bilingual Lexicon», International Journal of Education and Bilingualism, vol. 2, no. 1, 1999.
63 J. M. Dewaele, «Three years old and three first languages», Bilingual Families Newsletter, 17(2), 2000.
64 J.-F. Hamers & M. Blanc, op. cit., p. 183.
65 F. Genesee et al., Talking with Strangers: a study of bilingual children's communicative competence. Applied Psycholinguistics 17(4), p. 427–442, 1996.
66 Beitrag in einer Diskussionsliste.
67 C. Deprez, «Le jeu des langues dans les familles bilingues», art. cit., p. 59–74.
68 J.-F. & M. Blanc, op. cit., p. 357.
69 D. Keller-Cohen, «Systematicity and variation in the non-native child's acquisition of conversational skills», Language Learning, 29 (1), 1979.
70 L. Wong-Filmore, «Individual differences in second language acquisition», in: Filmore, Kempler, Wang (eds), Individual Differences in Language Ability and Language Behaviour, Academic Press, New York 1979, p. 203–228.
71 Vgl. R. Tracy, op. cit.

72 P. N. Shibata, «The role of prefabricated language in young children's second language acquisition», Bilingual Research Journal, 2001.
73 E. Bates et al., From First Words to Grammar: individual differences and dissociable mechanisms, Harvard University Press, Cambridge 1988.
74 R. Tracy, Sprachliche Strukturentwicklung: Linguistische und kognitionspsychologische Aspekte einer Theorie des Erstspracherwerbs, Narr, Tübingen 1991.
75 P. Tabors, «English language learners in early childhood education classrooms: Development, assessment, and strategies», Presentation at the national Association for the education of Young Children's Annual Conference, Anahim, CA, 1997.
76 M. Saville-Troike, «Private speech: Evidence for second language learning strategies during the ‹silent› period», Journal of Child Language, 15, 1988.
77 Beitrag auf einem englischsprachigen Forum, Übersetzung der Autorin.
78 S. Döpke, One Parent, One Language, An interactional approach, John Benjamins, Amsterdam u. Philadelphia 1992.
79 http://www.byu.edu/-bilingua/Prosserbackground.html (Übersetzung der Autorin).
80 J. Cenoz et al., «Towards Trilingual Education», International Journal of Bilingual Education & Bilingualism, vol. 4:1, 2001.
81 M. Clyne, «Somme of the things trilinguals do», International Journal of Bilingualism, 1, 1997, p. 95–116.
82 J.-M. De Waele, op. cit.
83 C. Hoffmann, «Towards a description of a trilingual competence», International Journal of Bilingualism, vol. 5, no. 1, März 2001.
84 K. Rolstad, «Effects of Two-way immersion on the ethnic identification of third language students», Bilingual Research Journal, 21, 1, 1997.
85 C. Hoffmann, op. cit.
86 W. & J. Butzkamm, op. cit.
87 W. Griesshaber, «Erwerb und Vermittlung des Deutschen als Zweitsprache», in: Deutsch in Armenien, Teil 1: 2001/1, 17–24, Teil 2: 2001/2, 5–15, Armenischer Deutschlehrerverband, Jerewan 2002.
88 C. Pallier, op. cit.
89 E. Service, Phonology, working memory, and foreign-language learning. Quarterly Journal of Experimental Psychology A45(1) :21ñ50, Jul 1992.
90 H. Wode, «Developmental sequences on natural L2 acquisition», Working Papers in Bilingualism, 11, 131, 1976.

91 Vgl. J.-F. Hamers & M. Blanc, op. cit., p. 358.
92 K. Hakuta et al., «Critical evidence: a test of the critical period hypothesis for second-language acquisition», Psychological Science, vol. 14, no. 1, 2003.
93 H. C. Dulay & M. K. Burt, in: Hamers & Blanc, op. cit., p. 355.
94 E. Bialystok & K. Hakuta, In Other Words, Basic Books, New York 1994.
95 Der Begriff wurde von L. Selinker geprägt: Selinker, L., «Interlanguage», IRAL X, 2: 209–231, 1972.
96 http://www.spiegel.de/schulspiegel/wissen/0,1518,416255,00.html.
97 G. Siebert-Ott, Mehrsprachigkeit und Bildungserfolg, in: G. Auernheimer (ed.), Schieflagen im Bildungssytem, VS Verlag für Sozialwissenschaften, Heidelberg 2006, 145–159.
98 Ibd., p. 145.
99 H. Reich, Hamburger Erhebung zum Sprachstand türkisch-deutscher Schulanfänger des Schuljahres 1999/2000. Bericht über die Erhebung mündlicher Sprachkenntnisse im Sommer 1999. Landau: Universität Koblenz-Landau, Abt. Landau, 2000.
100 Ingrid Gogolin, «Stellungnahme zum Unterricht in Migrantensprachen in deutschen Schulen», in: http://www.ingrid-gogolin.de [26. 7. 2005].
101 J. Cummins, Bilingualism and Minority-language Children, Ontario Institute for Studies in Education, 1981.
102 Nationaler Integrationsplan der Bundesregierung, 2007.
103 A. Bentolila, in: I. Mazel, M.-C. Bajard, J. Mesnager, N. Robert (coordin.), Regards sur la lecture et ses apprentissages, ONL, Paris 1996.
104 E. Bialystok, «Effects of Bilingualism and Literacy on Children's Emerging Concepts of Print», Developmental Psychology, vol. 33, no. 3, 1997.
105 J. Duverger, Lire, écrire, apprendre en deux langues, in: Les Actes de Lecture no. 85, März 2004.
106 J. Cummins, «Immersion Education for the Millenium: What We Have Learned from 30 Years of Research on Second Language Immersion», Ontario Institute for Studies in Education of the University of Toronto, 2003.
107 A. Comblain, L'apprentissage des langues étrangères en milieu scolaire et préscolaire: de l'utilité de l'immersion lingustique précoce», Actes des «Entretiens de Bichat. Entretiens d'orthophonie 1998», expansion scientifique française, Paris, 1998, p. 17–27.
108 Vgl. I. Gogolin, J. Cummins, A. Bentolila.

109 M. S. Schmid, First Language Attrition, Use, and maintenance. The case of German jews in anglophone countries, John Benjamins, Amsterdam u. Philadelphia, 2002.
110 C. Pallier et al., op. cit.
111 E. Fromm, «Age regression with unexpected reappearance of a repressed childhood language», International Journal of Clinical and Experimental Hypnosis, 18, 1970, p. 79–88.
112 B. Köpke, «Language Attrition: the next phase», in: M. S. Schmid, B. Köpke, M. Keijzer, L. Weilemar (eds), First Language Attrition: Interdisciplinare Perspectives on Methodological Issue, John Benjamins, Amsterdam 2004.
113 Ibd.
114 Vgl. E. Bautier, op. cit., p. 65–73.
115 Auszug aus: Nurith Aviv, «Misafa, Lesafa. D'une langue à l'autre», Dokumentarfilm, Swan Productions, ZDF/Arte, 2004.
116 W. E. Lambert, Attitude and motivation in second language learning. Rowley, Mass. 1972.
117 Das ist die Grundlage der Theorie der sozialen Identität nach Tajfel und Turner.
118 J.-F. Hamers & M. Blanc, op. cit., p. 161.
119 A. Maalouf, Les identités meurtrières, Grasset, Paris 1998, p. 60.
120 Auszug aus Nurith Aviv, «Misafa, Lesafa. D'une langue à l'autre», Dokumentarfilm, Prod. Swan, ZDF/Arte, 2004.
121 A. Maalouf, Les Identités meurtières, op. cit.
122 S. Krashen, Second Language Acquisition and Second Language Learning, Pergamon Press, 1981.
123 R. Landry & R. Allard, «Contact des langues et développement bilingue: Un modèle macroscopique», La Revue des langues vivantes, 46, 1990.
124 E. Bautier, «Enfants de migrants, langue(s) et apprentissage(s)», Migrants Formation, n°83, 1990, p. 65–73.
125 T. Skutnabb-Kangas, P. Toukoma, Teaching migrant children's mother tongue and learning the language of the host country in the context of the social-cultural situation of th emigrant family, Finnish National Commission for Unesco, Helsinki 1976.
126 B. McLaughlin, «Second language acquisition in childhood», vol. 1, Preschool Children (2nd ed.), Lawrence Erlsbaum, Hillsdale, NJ 1984 (eigene Übersetzung).
127 K. Hakuta et al., «How long does it take the English learners to attain proficiency?», The University of California Linguistic Minority Research Institute Policy Report, 2000.

128 W. Knapp, «Verdeckte Sprachschwierigkeiten», in: Die Grundschule 5/99, S. 30–33.
129 M. Ott, Schreiben in der Sekundarstufe I. Differenzierte Wahrnehmung und gezielte Förderung von Schreibkompetenzen, Schneider Verlag Hohengehren, Baltmannsweiler 2000.
130 L. Wong-Filmore, When learning a second language means losing the first, Early Childhood research, 6, 1991, p. 323–46.
131 M. Akinci, J. De Ruiter, F. Sanagustin, Le Plurilinguisme à Lyon. Le statut des langues à la maison et à l'école, L'Harmattan, Paris 2004.
132 G. Lüdi, Réflexions sur la place de la langue dite maternelle dans l'enseignement scolaire, annnexe du résumé, APCE, doc. 10 838, février 2006 (eigene Übersetzung).
133 G. Varro, Les Couples mixtes, Armand Colin, Paris, 1995.
134 G. Varro, La femme transplantée, Septentrion, Paris 1984.
135 G. Saunders, Bilingual children: from birth to teens, op. cit.
136 Vgl. http://www.byu.edu/~bilingua/.
137 F. Genesee, Learning Through Two Languages: Studies of immersion and bilingual education, Newbury House, New York 1987.
138 C. E. Snow & M. Hofnagel-Höhle, «Age differences in the pronounciation of foreign sounds», Language and Speech, 1977, 20, p. 357–365.
139 D. Gaonach, L'apprentissage précoce d'une langue étrangère. Le point de vue de la psycholinguistique», Hachette, Paris 2006, p. 61.
140 R. M. De Keyser, «Implicit and explicit learning», in C. J. Doughty & M. H. Long (eds), The handbook of second language acquisition, Blackwell Publishing, Malden 2003.
141 H. Sarte, Fremdsprachenerwerb – Wie früh und wie anders? Workshop des Forum Bildung, 14. 9. 2001, Berlin, Materialien des Forum Bildung 13, 2001.
142 D. Singleton, «Introduction: A critical look at the critical period hypothesis in second language acquisition research», in: D. Singleton & Z. Lengyel (eds), The age factor in second language acquisition, Multilingual Matters LTS, 1995.
143 B. McLaughlin, «Second language learning in children», Psychological Bulletin, 1977, 84, p. 438–459.
144 S. Genelot, «L'enseignement des langues à l'école élémentaire: quels acquis pour quels effets au collège? Eléments d'évaluation: le cas de l'anglais», Les Cahiers de l'IREDU, Université de Bourgogne 1995, no. 58.
145 Vgl. G. W. Yelland, J. Pollard & A. Mercuri, «The metalinguistic benefits of limited contact with a second language», Applied Linguistics, 1993, 14, p. 423–444.

146 P. Planche, «L'apprentissage d'une seconde langue dès l'école maternelle: quelle influence sur le raisonnement de l'enfant?», Bulletin de psychologie, 2002, 55, p. 535–542.
147 A. Geiger-Jaillet, Le Bilinguisme pour grandir. Naître bilingue ou le devenir par l'école, L'Harmattan, Paris 2005.
148 Vgl. D. Gaonach, op. cit.
149 I. Gogolin, «Sprachen rein halten – eine Obsession», in: dies., G. List, S. Graap (Hg.), Über Mehrsprachigkeit. Tübingen, 1998.
150 Wolfgang Tietze (Hg.), Wie gut sind unsere Kindergärten? Eine Untersuchung zur pädagogischen Qualität in deutschen Kindergärten, Beltz, Weinheim 1998.
151 http://www.iteachilearn.com/cummins/mother.htm.

Aus dem Verlagsprogramm

Sprachgeschichten in der Beck'schen Reihe

Hermann Ehmann
Endgeil
Das voll korrekte Lexikon der Jugendsprache
2. Auflage. 2009. 180 Seiten. Paperback
(Beck'sche Reihe Band 1654)

Hans-Dieter Gelfert
Englisch mit Aha!
Die etwas andere Einführung in die englische Sprache
2. Auflage. 2011. 222 Seiten. Paperback
(Beck'sche Reihe Band 1528)

Harald Haarmann
Weltgeschichte der Sprachen
Von der Frühzeit des Menschen bis zur Gegenwart
2., durchgesehene Auflage. 2010. 398 Seiten
mit 34 Abbildungen und Karten. Paperback
(Beck'sche Reihe Band 1703)

Eike Christian Hirsch
Deutsch kommt gut
Sprachvergnügen für Besserwisser
2008. 189 Seiten. Paperback
(Beck'sche Reihe Band 1834)

Klaus Mackowiak
Grammatik ohne Grauen
Keine Angst vor richtigem Deutsch!
1999. 241 Seiten. Paperback
(Beck'sche Reihe Band 1286)

Heike Wiese
Kiezdeutsch
Ein neuer Dialekt entsteht
2., durchgesehene Auflage. 2012. 280 Seiten
mit 18 Abbildungen. Paperback
(Beck'sche Reihe Band 6034)

Verlag C. H. Beck

Ratgeber für Eltern und Erzieher bei C.H.Beck

Sandra Aamodt/Samuel Wang
Welcome to Your Child's Brain
Die Entwicklung des kindlichen Gehirns
von der Zeugung bis zum Reifezeugnis
Aus dem Englischen von Norbert Juraschitz
2012. 640 Seiten mit zahlreichen Abbildungen. Gebunden

Elisabeth Beck-Gernsheim
Die Kinderfrage heute
Über Frauenleben, Kinderwunsch und Geburtenrückgang
2006. 175 Seiten. Paperback
(Beck'sche Reihe Band 1751)

Reinmar du Bois
Kinderängste
Erkennen, verstehen, helfen
4., neu bearbeitete Auflage. 2007. 240 Seiten
Paperback
(Beck'sche Reihe Band 1137)

Jürgen Dittmann
Der Spracherwerb des Kindes
Verlauf und Störungen
3., völlig überarbeitete Auflage. 2010. 128 Seiten. Paperback
(C.H.Beck Wissen in der Beck'sche Reihe Band 2300)

Ute Gerhard/Trudi Knijn, Anja Weckwert (Hrsg.)
Erwerbstätige Mütter
Ein europäischer Vergleich
2003. 253 Seiten. Paperback
(Beck'sche Reihe Band 1514)

Verlag C. H. Beck

Ratgeber für Eltern und Erzieher bei C. H. Beck

Eva Kessler
Von der Kunst, liebevoll zu erziehen
Sinnvoll Grenzen setzen und gute Laune bewahren
2., überarbeitete und erweiterte Auflage. 2009
287 Seiten mit zahlreichen Grafiken von Josefine Graf
Broschur

Julia Onken / Maya Onken
Hilfe, ich bin eine emanzipierte Mutter
Ein Streitgespräch zwischen Mutter und Tochter
2006. 236 Seiten. Paperback
(Beck'sche Reihe Band 1710)

Sabina Pauen
Was Babys denken
Eine Geschichte des ersten Lebensjahres
2. Auflage. 2007. 232 Seiten mit 13 Schaubildern
Broschur

Barbara Senckel
Wie Kinder sich die Welt erschließen
Persönlichkeitsentwicklung und Bildung im Kindergartenalter
2004. 277 Seiten. Paperback
(Beck'sche Reihe Band 1578)

Aiga Stapf
Hochbegabte Kinder
Persönlichkeit, Entwicklung, Förderung
5., aktualisierte Auflage. 2010. 272 Seiten. Broschur

Christoph Türcke
Hyperaktiv!
Kritik der Aufmerksamkeitsdefizitkultur
2., durchgesehene Auflage. 2012. 123 Seiten. Paperback
(Beck'sche Reihe Band 6032)

Verlag C. H. Beck